山崎　洋編

セルビア語
常用 6000 語

東　京
大学書林 発行

山内 久明 編

ビルマ語
常用6000語

大学書林

はじめに

　本書はセルビア語の学習を志す読者のために，大学書林の「常用6000語」シリーズの一冊として書かれた。既刊の田中一生・山崎洋編『セルビア・クロアチア語基礎1500語』の続編，三谷惠子編『クロアチア語常用6000語』の姉妹編にあたる。併読をお勧めしたい。

　セルビア語は南スラブ系の言語のひとつで，旧ユーゴスラビア時代には同系のクロアチア語とともに，セルビア・クロアチア語と総称されていた。ところがクロアチアの分離独立に伴い，クロアチア人がその言語を公式にクロアチア語と称するにいたった関係で，セルビア人もまたその言語を改めてセルビア語と呼ぶようになった。現行の『セルビア語正書法』（マティツァ・スルプスカ社）が刊行されたのは1993年のことであった。現在は，新ユーゴスラビアのセルビアとモンテネグロ，ボスニア・ヘルツェゴビナのセルビア人地域などで公用語として広く使われている。本書では，セルビア共和国を中心として使用されている形態を採用した。表記はキリル文字としたが，もとよりラテン文字による表記を妨げるものではない。

　本書は二部構成で，前半がセルビア語語彙集，後半が索引となっている。索引では品詞その他の説明は省略し，またセルビア語の動詞で完了体と不完了体の対応のみられるものは，完了体のみを示した。セルビア語の文法については，『セルビア・クロアチア語基礎1500語』の付録を参照していただきたい。

山崎　洋

凡 例

①見出し語の配列は，キリル文字のアルファベット順とした。
②記号の見方
  [ ] 品詞
  * 『セルビア・クロアチア語基礎1500語』採録
  ( ) 語義の前にある場合は，文法的説明，また語義の後ろにある場合は，語義に関する補足的説明
  − 見出し語を一部省略して反復
  〜 適当な語を補足
  → 対応する完了体または不完了体動詞を参照
  < 比較級
  , 単語の区別
  ; 品詞や語義が相違する単語の区別
③動詞語尾変化の表示

　動詞の見出し語は不定法を用い，直説法現在単数一人称の形を見出し語の後に斜体で示した。但し，無人称動詞や三人称のみの動詞は，単数三人称の形を示してある。

④動詞の体の表示

　品詞に完了体，不完了体の区別を示し，対応する体の動詞を→で示した。対応関係の確認は，ベンソンの『セルビア語英語辞典』の記述に負うところが大きい。

⑤動詞補語の表示

　対格以外の斜格を補語にとる動詞は，語義の前に「誰/何」を意味する補語 **ко/што** の変化形を示しておいた。

　　生格 **кога/чега**
　　与格 **кому/чему**
　　造格 **ким/чим**

前置詞句をとる場合は，対格，前置格も示した。

　　対格 **кога/што**
　　前置格 **коме/чему**

のごとくである。形容詞，副詞の補語もこれに準じた。
⑥名詞複数の表示

不規則な複数形をもつ名詞，または集合名詞を複数として用いる名詞は，見出し語の後にこれを斜体で示した。
⑦比較級の表示

不規則な比較級をもつ形容詞，副詞は，これを見出し語の後に斜体で示した。
⑧前置詞の格支配の表示

前置詞の格支配は，動詞の補語と同じ要領で示した。
⑨品詞の表示

品詞は見出し語の後に [ ] で示した。

[男]	男性名詞	[形]	形容詞
[女]	女性名詞	[副]	副詞
[中]	中性名詞	[完]	完了体動詞
[男複]	男性名詞複数	[不完]	不完了体動詞
[女複]	女性名詞複数	[前]	前置詞
[中複]	中性名詞複数	[接]	接続詞
[代]	代名詞	[小]	小詞
[数]	数詞		

⑩文法的説明

語義の前に ( ) で示した。

(集合) 集合名詞	(不変) 不変化詞
(複数) ふつう複数	(名詞) 名詞的用法
(無人) 無人称動詞	(命令) 命令形で

アルファベット

キリル文字	ラテン文字	発音	
A a	A a	a	ア
Б б	B b	b	ブ
В в	V v	v	ヴ
Г г	G g	g	グ
Д д	D d	d	ドゥ
Ђ ђ	Đ đ	dz	ジュ
Е е	E e	e	エ
Ж ж	Ž ž	ʒ	ジュ
З з	Z z	z	ズ
И и	I i	i	イ
J j	J j	j	ユ
К к	K k	k	ク
Л л	L l	l	ル
Љ љ	Lj lj	lʲ	リュ
М м	M m	m	ム
Н н	N n	n	ヌ
Њ њ	Nj nj	nʲ	ニュ
О о	O o	o	オ
П п	P p	p	プ
Р р	R r	r	ル
С с	S s	s	ス
Т т	T t	t	トゥ
Ћ ћ	Ć ć	tʃ	チュ
У у	U u	u	ウ
Ф ф	F f	f	フ
Х х	H h	h	フ
Ц ц	C c	ts	ツ
Ч ч	Č č	tɕ	チュ
Џ џ	Dž dž	dʒ	ジュ
Ш ш	Š š	ʃ	シュ

A, a

а*	[接] 〜が(逆接)，だが；そして
абецеда	[女] アルファベット(ラテン文字)
авантура	[女] 冒険
август*	[男] 八月
авион*	[男] 飛行機
агенција*	[女] 代理店；通信社
агресија	[女] 侵略
адвокат*	[男] 弁護士
адреса*	[女] 住所，宛名
аеродром*	[男] 飛行場，空港
азбука	[女] アルファベット(キリル文字)
Азија*	[女] アジア
азијски*	[形] アジアの
азот	[男] 窒素
ајкула	[女] 鮫(さめ)
академија	[女] アカデミー
ако*	[接] もし
акт	[男] 文書；行為
активан	[形] 活発な，積極的
активност	[女] 活動
акција	[女] 行動；株，株式
аларм	[男] 警報
алат	[男] 工具，道具
Албанац	[男] アルバニア人(男)

Албанија	[2]

Албанија*	[女] アルバニア
Албанка	[女] アルバニア人(女)
албански	[形] アルバニアの
албум	[男] アルバム
али*	[接] しかし,〜が(逆接)
алкохол	[男] アルコール
алуминијум	[男] アルミニウム
аматер	[男] アマチュア,素人
амбасада*	[女] 大使館
амбасадор*	[男] 大使
амбиција	[女] 野心
Америка*	[女] アメリカ,米国
Американац*	[男] アメリカ人(男)
Американка*	[女] アメリカ人(女)
амерички*	[形] アメリカの
анализа	[女] 分析
анализирати -рам	[完/不完] 分析する
ангажовати -жујем	[完/不完] 雇う,使う
анђео*	[男] 天使
анестезија	[女] 麻酔
антена	[女] アンテナ
апарат	[男] 器具,装置
апетит*	[男] 食欲
аплаудирати -рам	[完/不完] 拍手する
аплауз	[男] 拍手
апотека*	[女] 薬局,薬屋
април*	[男] 四月
апсолутан	[形] 絶対の
апстрактан	[形] 抽象的
апсурдан	[形] 馬鹿げた
Арапин	[男] アラブ人(男)

Арапкиња	[女]	アラブ人(女)
аргумент	[男]	論拠
аристократија	[男]	貴族(総称)
армија*	[女]	軍
артерија	[女]	動脈
архипелаг	[男]	列島
архитекта*	[男]	建築家
архитектура*	[女]	建築
асистент	[男]	助手
асоцијација	[女]	連合；連想
атеље	[男]	アトリエ
атентат	[男]	暗殺
атлас*	[男]	地図(帳)
атлетика	[女]	陸上(競技)
атмосфера	[女]	空気，雰囲気
атом	[男]	原子
Аустрија*	[女]	オーストリア
Аустријанац	[男]	オーストリア人(男)
Аустријанка	[女]	オーストリア人(女)
аустријски	[形]	オーストリアの
аутобус*	[男]	バス
ауоматски	[形]	自動的
аутомобил*	[男]	自動車
аутономија	[女]	自治
ауто-пут	[男]	高速道路
аутор	[男]	作者，著者
ауторитет	[男]	権威
Африка*	[女]	アフリカ
афрички	[形]	アフリカの

Б, б

баба*	[女] お婆さん, 祖母
бавити се -*вим*	[不完] ким/чим 従事する, やる
багрем	[男] アカシア
бадава	[副] 只で; 無駄に
база	[女] 基礎; 基地
базен*	[男] プール
бајка	[女] お伽噺
бака	[女] 祖母
бакар*	[男] 銅
бактерија	[女] 細菌, 黴菌
балерина*	[女] バレリーナ
балет*	[男] バレエ
балон	[男] 風船
бамбус*	[男] 竹
банана	[女] バナナ
бандера	[女] 電柱
банка*	[女] 銀行
банкет	[男] 宴会
банкротирати -*рам*	[完/不完] 破産する
бања*	[女] 温泉
бар	[副] せめて
бара	[女] 水溜り
барити -*рим*	[不完] 茹でる→обарити
барут	[男] 火薬

батерија*	[女]	電池
батина	[女]	棒
бацати* -цам	[不完]	投げる，放る，捨てる →бацити
бацити* -цим	[完]	投げる，放る，捨てる →бацати
бачва	[女]	樽
баш*	[副]	まさに
башта*	[女]	庭
беба*	[女]	赤ん坊
беда	[女]	貧困
бедан	[形]	惨めな，貧しい
бежати* -жим	[不完]	逃げる，逃れる→побећи
без*	[前]	кога/чега 〜の無い
безбедан	[形]	安全な，無事な
безбедност	[女]	安全，治安
безбрижан	[形]	気楽な，暢気(のんき)な
безбројан	[形]	無数の
безобразан	[形]	無礼な，失礼な
беланчевина	[女]	蛋白質
бележити -жим	[不完]	書き留める，記録する →забележити
бележница	[女]	手帳
белешка	[女]	覚え，メモ
бензин*	[男]	ガソリン
бео* <бељи	[形]	白い
берба	[女]	収穫
берберин	[男]	床屋(人)
бес	[男]	怒り
бесан <бешњи	[形]	怒った
бескрајан	[形]	果てしない

бесмислен		[6]
бесмислен	[形]	無意味な
бесплатан	[形]	無料の，只の
беспомоћан	[形]	心細い，頼りない
бетон*	[男]	コンクリート
бибер*	[男]	胡椒
библија	[女]	聖書
библиотека*	[女]	図書館
бивши	[形]	元の
бик	[男]	牛(牡牛)
биљка*	[女]	植物
биографија	[女]	伝記，履歴
биоскоп*	[男]	映画館
бирати* -рам	[不完]	選ぶ→изабрати
бирократија	[女]	官僚(総称)
бисер*	[男]	真珠
бистар	[形]	澄んだ；利口な
бит	[女]	本質
битан	[形]	本質的，肝心な
бити¹ бијем	[不完]	叩く，打つ
бити²* сам/јесам	[不完]	在る，居る；〜だ，です
битка*	[女]	戦い，戦闘
биће	[中]	存在；生物
бифе*	[男]	ビュッフェ
бицикл*	[男]	自転車
бич	[男]	鞭
благ <блажи	[形]	穏やかな，緩い
благајна*	[女]	会計
благо	[中]	宝
благослов	[男]	祝福
благостање	[中]	福祉
блато	[中]	泥

		болест
блед <*блеђи*	[形]	青白い; 薄い(色)
ближити се -*жим*	[不完]	近くなる
близак <*ближи*	[形]	近い, 親しい
близанац	[男]	(複数)双子
близина	[女]	近く, 側, 付近
близу* <*ближе*	[副]	近くに, 側に
	[前]	кога/чега ～の近くに, 側に
блискост	[女]	近さ, 親しみ
блистав	[形]	輝かしい
блистати -*там*	[不完]	輝く→заблистати
блокада	[女]	封鎖
блокирати -*рам*	[完/不完]	封鎖する
блуза	[女]	ブラウス
бог*	[男]	神(男)
богат*	[形]	豊かな, 豊富な, 金持ちの
богаташ	[男]	金持ち
богатство	[中]	富
богиња*	[女]	神(女), 女神
бод	[男]	点, 点数
Божић	[男]	クリスマス
боја*	[女]	色, 色彩; 絵具
бојазан	[女]	恐れ
бојати се* -*јим*	[不完]	кога/чега 恐れる, 怖がる
бојити -*јим*	[不完]	塗る, 染める→обојити
бојлер	[男]	ボイラー
бок	[男]	脇, 脇腹
бокал	[男]	水差し
бокс*	[男]	ボクシング
бол*	[男]	痛み, 苦痛
болесник	[男]	病人
болест*	[女]	病気

болестан	[8]

болестан*	[形] 病気の
болети* -ли	[不完] кога 痛む; 痛い
болница*	[女] 病院
боловати -лујем	[不完] 病む
бомба*	[女] 爆弾
бомбардовати -дујем	[完/不完] 爆撃する, 砲撃する
бомбона	[女] 飴
бор*	[男] 松
бора	[女] 皺(しわ)
боравак	[男] 滞在
боравити -вим	[不完] 滞在する
боранија	[女] 豆(英隠元)(さや)
борац*	[男] 闘士, 戦士
борба*	[女] 戦い, 闘争
борити се* -рим	[不完] 闘う
бос	[形] 裸足の
босански*	[形] ボスニアの
Босна*	[女] ボスニア
бости бодем	[不完] 突く, 刺す→убости
боца	[女] 壜(びん)
брава	[女] 錠(錠前)
брада*	[女] 鬚; 顎(あご)
брадавица	[女] 乳首; 疣(いぼ)
брак*	[男] 結婚
брана	[女] ダム, 堤防
бранити -ним	[不完] 守る, 防ぐ→одбранити
браон	[形] (不変)茶色の
брат* браћа	[男] 兄, 弟, 従兄弟
брати берем	[不完] 摘む→убрати
браћа	[女] (集合)兄弟, 従兄弟
брашно*	[中] 粉, 小麦粉

брдо*	[中]	丘
брег	[男]	丘
бресква*	[女]	桃
брз* <*бржи*	[形]	速い
брзина*	[女]	速さ, 速度
брига*	[女]	心配, 思い遣り, 世話
бријати -*јем*	[不完]	剃る→обријати
бријач	[男]	剃刀
бринути се* -*нем*	[不完]	世話する→побринути се; 心配する, 憂慮する →забринути се
брисати* -*ришем*	[不完]	拭く→обрисати; 拭う, 消す→избрисати
брк*	[男]	(複数)髭
брод*	[男]	船
бродоградња*	[女]	造船
број*	[男]	数, 数, 番号, 数詞; парни б- 偶数; непарни б- 奇数
бројан	[形]	多数の, 大勢の
бројати -*јим*	[不完]	数える, 勘定する →избројити
бројка	[女]	数字
брош	[男]	ブローチ
брука	[女]	恥
брукати се -*кам*	[不完]	恥をかく→обрукати се
буба*	[女]	虫
бубањ	[男]	太鼓
бубрег	[男]	腎臓
бубуљица	[女]	にきび
бува	[女]	蚤

Бугарин	[男]	ブルガリア人(男)
Бугарка	[女]	ブルガリア人(女)
Бугарска*	[女]	ブルガリア
бугарски	[形]	ブルガリアの
Буда	[男]	仏
будала*	[男/女]	馬鹿
будизам	[男]	仏教
будилник	[男]	目覚時計
будиста	[男]	仏教徒
будити -дим	[不完]	起こす→пробудити
будити се -дим	[不完]	目覚める，起きる →пробудити се
будући	[形]	未来の，将来の
будућност*	[女]	未来，将来
буђ	[女]	かび
бука	[女]	騒ぎ，騒音
букет	[男]	束
буна	[女]	蜂起
бунар*	[男]	井戸
бунда*	[女]	毛皮(コート)
бундева	[女]	南瓜
бунити се -ним	[不完]	反乱する→побунити се; 不平を言う
бура*	[女]	嵐
буран	[形]	嵐のような，激しい
бургија	[女]	ドリル
буре	[中]	樽
бутина	[女]	腿
бучан	[形]	うるさい，騒がしい，喧しい
буџет*	[男]	予算
бушити -шим	[不完]	開ける(穴)→пробушити

В, в

вага*	[女] 秤
вагон	[男] 車輛, 客車, 貨車
вадити -дим	[不完] 抜く, 取り出す→извадити
важан*	[形] 重要な, 大切な, 大事な
важити -жим	[不完] 通用する
ваза*	[女] 花瓶
ваздух*	[男] 空気
вајар	[男] 彫刻家
вајарство	[中] 彫刻
вајати -јам	[不完] 彫る→извајати
вал	[男] 波
валута	[女] 通貨
ваљати¹ -љам	[不完] 転がす
ваљати² -љам	[不完] 値する
ваљати се -љам	[不完] 転がる, うねる
ваљда	[副] 多分, きっと
ван	[前] кога/чега ～の外に
ванредан	[形] 臨時の, 非常の
варати -рам	[不完] 騙す, 欺く→преварити
варење	[中] 消化
варница	[女] 火花
варош	[女] 町
васпитавати -вам	[不完] 躾る, 教育する→васпитати

васпитати	[12]	
васпитати -*там*	[完/不完]	躾る, 教育する →васпитавати
васпитачица	[女]	保母
вата	[女]	綿(脱脂綿)
ватра*	[女]	火
ватромет	[男]	花火
ваш[1]	[女]	虱
ваш[2]*	[代]	お前たちの, 君たちの, 貴方たちの; B- 貴方の
вашар*	[男]	市
веверица	[女]	栗鼠
ведар	[形]	晴れた, 明るい, 朗らかな
вежба	[女]	練習, 演習
вежбати -*бам*	[不完]	練習する
вез	[男]	刺繍
веза*	[女]	関係, 繋がり; 通信
везати *вежем*	[完/不完]	結ぶ, 結わえる, 縛る, 繋ぐ
век*	[男]	世紀; 寿命
велик* <*већи*	[形]	大きい, 偉大な
великан	[男]	偉人
величина*	[女]	大きさ, サイズ
вена	[女]	静脈
венац	[男]	花輪
Венера	[女]	金星
вентил	[男]	弁
венути -*нем*	[不完]	枯れる, 萎れる→увенути
венчавати се -*вам*	[不完]	結婚する→венчати се
венчање*	[中]	結婚式
венчати се -*чам*	[完]	結婚する→венчавати се
вео	[男]	ベール

вечност

веома*	[副] 極めて, とても
вера*	[女] 信仰, 信頼
веран	[形] 忠実な
вереник	[男] 婚約者(男)
вереница	[女] 婚約者(女)
веридба	[女] 婚約
верити се -рим	[完] 婚約する
верник	[男] 信者
вероватан*	[形] ありそうな
веровати* -рујем	[不完] 信じる, 信用する
	→поверовати
вероватно*	[副] 恐らく, 多分
вероватноћа	[女] 確率
веселити се -лим	[不完] 喜ぶ, 楽しむ
весео*	[形] 陽気な, 愉快な, 賑やかな
веслати -лам	[不完] 漕ぐ
весло	[中] 櫂
вест*	[女] ニュース, 便り
ветар*	[男] 風
већ*	[副] 既に, もう
веће	[中] 会
већина	[女] 多数, 大半, 大部分
вечан	[形] 永遠の, 永久の
вече* вечери	[中] 夕方, 夕べ, 晩
вечера*	[女] 夕食, 食事
вечерас	[副] 今晩, 今夜
вечерати -рам	[完/不完] 夕食をとる, 食事する
вечерашњи	[形] 今晩の, 今夜の
вечерњи	[形] 夕方の, 夜間の
вечит	[形] 永遠の, 永久の
вечност	[女] 永遠

веш	[男] 洗濯物, 下着
вешати -*шам*	[不完] 吊るす, 掛ける→обесити
веш-машина	[女] 洗濯機
вешт	[形] 上手い, 上手な, 巧みな
вештачки	[形] 人工の
вештина	[女] 技, 芸
вештица	[女] 魔女
ви*	[代] お前たち, 君たち, 貴方たち; В− 貴方
вид	[男] 視力, 視覚
видети* -*дим*	[完/不完] 見る, 見える, 会う
виза	[女] ビザ, 査証
визиткарта	[女] 名刺
викати *вичем*	[不完] 叫ぶ, 怒鳴る→викнути
викнути -*нем*	[完] 叫ぶ, 怒鳴る→викати
вила¹*	[女] 屋敷, 別荘
вила²	[女] 妖精
вилица	[女] 顎
виљушка*	[女] フォーク
вино*	[中] 葡萄酒, ワイン, 酒
виолина	[女] バイオリン
вирити -*рим*	[不完] 覗く, 突き出る→вирнути
вирнути -*нем*	[完] 覗く, 突き出る→вирити
виршла	[女] ソーセージ
висина*	[女] 高さ, 高度, 身長
висити -*сим*	[不完] ぶら下がる, 掛かる
висок* <*виши*	[形] 高い
висораван	[女] 高原
витак	[形] 細い, しなやかな
витамин	[男] ビタミン
витез	[男] 騎士

виц	[男] 冗談，笑い話
вишак	[男] 余り
више	[副] もっと，一層
вишња	[女] さくらんぼう
влага*	[女] 湿気，湿度
влада*	[女] 政府，政権
владавина	[女] 支配
владати -дам	[不完] ким/чим 支配する，治める
влажан*	[形] 湿った
влас	[女] 毛
власник	[男] 所有者，持ち主
власт*	[女] 権力，政権，当局
властит	[形] 自身の
во*	[男] 牛(去勢牛)
вода*	[女] 水; врела в− 湯
водитељ	[男] 司会(人)
водити* -дим	[不完] 導く，率いる，連れる →повести; 案内する; 通じる
водич	[男] 案内(人)
водовод	[男] 水道
водоник	[男] 水素
водопад	[男] 滝
водораван	[形] 水平な，横の
водоскок	[男] 噴水
вођа	[男] 指導者
вожња	[女] 運転
воз*	[男] 汽車，列車，電車
возач*	[男] 運転手
возило	[中] 乗り物
возити* -зим	[不完] 乗せる，運ぶ→повести; 運転する

возити се	[16]
возити се -зим	[不完] 乗る
војни	[形] 軍の
војник*	[男] 軍人, 兵隊
војска*	[女] 軍, 軍隊
волан	[男] ハンドル
волети* -лим	[不完] 愛する, 好む; 好きだ
воља	[女] 意志, 意欲
восак	[男] 蝋
воће*	[中] (集合)果物
воћњак	[男] 果樹園
врабац*	[男] 雀
врана	[女] 烏
врат*	[男] 首
врата*	[中複] 戸, 扉, ドア
вратити* -тим	[完] 返す, 戻す→враћати
вратити се* -тим	[完] 帰る, 戻る→враћати се
враћати* -ћам	[不完] 返す, 戻す→вратити
враћати се* -ћам	[不完] 帰る, 戻る→вратити се
врба	[女] 柳
вредан*	[形] 価値ある; 勤勉な
вредети -дим	[不完] 値する
вредност	[女] 価値, 値打ち
вређати -ђам	[不完] 侮辱する→увредити
време*	[中] 時, 時間, 暇, 時代; 天気, 天候
врео	[形] 熱い
врети врим	[不完] 沸く, 沸騰する
врећа	[女] 袋
врлина	[女] 美徳
врло*	[副] とても, 極めて, ごく
врпца	[女] テープ

врста*	[女] 種類
врт*	[男] 庭, 庭園
вртети се -тим	[不完] 回る
вртлог	[男] 渦
вртоглавица	[女] 目眩(めまい)
врућ* <*врући*	[形] 暑い, 熱い
врућина*	[女] 暑さ
врх*	[男] 峰, 頂上；先, 先端
врховни	[形] 最高の
врхунац	[男] 頂点, 盛り
врхунски	[形] 最高の, 一流の
вршити -шим	[不完] 行う
вук*	[男] 狼
вулкан*	[男] 火山
вуна*	[女] 羊毛, 毛, ウール
вунен	[形] 毛の, ウールの
вући* *вучем*	[不完] 引く

Г, г

гавран*	[男] 烏
гадан	[形] 嫌な, 酷(ひど)い
гађати -ђам	[不完] ぶつける, 撃つ
газда*	[男] 家主(男), 主(あるじ), 旦那
газдарица*	[女] 家主(女)
газити -зим	[不完] 踏む→нагазити

гајити	[不完]	育てる，飼う，栽培する →одгајити
гајтан	[男]	コード
галама	[女]	騒ぎ，騒音
галамити -мим	[不完]	騒ぐ
галеб*	[男]	鴎
галерија	[女]	画廊，美術館
гаража*	[女]	ガレージ，車庫
гарантовати -тујем	[完/不完]	保証する
гаранција*	[女]	保証
гардероба*	[女]	更衣室，一時預かり
гас*	[男]	ガス，気体
гасити* -сим	[不完]	消す→угасити
гасити се -сим	[不完]	消える→угасити се
гатање	[中]	占い
гатати -там	[不完]	占う
гаће*	[女複]	パンツ
гвожђе*	[中]	鉄
гвозден*	[形]	鉄の
где*	[副]	どこ，どちら
генерал	[男]	将軍
генерација	[女]	世代
геније	[男]	天才
географија*	[女]	地理
гесло	[中]	標語
гимназија*	[女]	高校
гимнастика*	[女]	体操
гинути -нем	[不完]	死ぬ→погинути
гитара	[女]	ギター
глава*	[女]	頭; 章
главни*	[形]	主な，主要な

главобоља	[女]	頭痛
глагол	[男]	動詞
глад	[女]	飢え，空腹，飢饉
гладак <глађи	[形]	滑らかな，平らな
гладан*	[形]	飢えた，空腹の
гладовати -дујем	[不完]	飢える
гланцати -цам	[不完]	磨く→изгланцати
глас*	[男]	声；票
гласати -сам	[不完]	投票する
гласина	[女]	噂
гледалац	[男]	観客
гледати* -дам	[不完]	見る，眺める→погледати
гледиште	[中]	見地，見解
глина	[女]	粘土
глиста	[女]	蚯蚓(みみず)
глув* <глувљи	[形]	聾の
глума	[女]	演技
глумац*	[男]	俳優(男)，役者
глумити -мим	[不完]	演じる
глумица*	[女]	俳優(女)，女優
глуп* <глупљи	[形]	馬鹿な，愚かな
гљива	[女]	茸
гнездо	[中]	巣
гној	[男]	膿(うみ)
гњавити -вим	[不完]	悩ます，困らせる
гњечити -чим	[不完]	潰す→згњечити
го*	[形]	裸の
говедина	[女]	牛肉
говедо	[中]	牛(総称)
говор*	[男]	演説，言論

говорити* -рим	[不完]	言う→рећи; 話す, 語る, 演説する
година*	[女]	年, 年度; Нова г— 新年
годишњи*	[形]	年間の
годишњица	[女]	記念日
гојазан	[形]	太った
гојити се -јим	[不完]	太る→угојити се
гол	[男]	ゴール, 得点
голицати -цам	[不完]	くすぐる; くすぐったい
голуб*	[男]	鳩
гомила	[女]	山(堆積)
гомилати -лам	[不完]	積む, 溜める→нагомилати
гомилати се -лам	[不完]	積もる, 溜まる →нагомилати се
гонити -ним	[不完]	追う
гора*	[女]	山
горак* <*горчи*	[形]	苦い
горе*	[副]	上に
горети -рим	[不完]	燃える, 焼ける→изгорети
гориво*	[中]	燃料
горњи*	[形]	上の
господа	[女]	(集合)紳士
господар	[男]	主人
господин* *господа*	[男]	紳士; 〜さん, 様, 氏
госпођа*	[女]	奥さん; 〜さん, 様, 夫人
госпођица*	[女]	お嬢さん; 〜さん, 様
гост*	[男]	客(男)
гостионица*	[女]	宿屋, 旅館
гостољубив	[形]	客好きな
гостопримство	[中]	もてなし, 歓待
готов*	[形]	済んだ, 用意ができた

готовина	[女]	現金
готово	[副]	ほとんど
гошћа	[女]	客(女)
грабити -бим	[不完]	掴む→уграбити
гравитација	[女]	引力
град¹*	[男]	都市, 都会, 市, 町; главни г— 首都
град²	[男]	霰（あられ）, 雹（ひょう）
градити* -дим	[不完]	建てる, 建設する, 築く →изградити
градња	[女]	建設
градоначелник	[男]	市長
грађанин*	[男]	市民
грам	[男]	グラム
граматика*	[女]	文法
грамофон*	[男]	プレーヤー, 蓄音機
грана*	[女]	枝; 分野, 部門
граница*	[女]	境界, 国境; 限度; (複数)範囲
граничити се -чим	[不完]	接する
графикон	[男]	グラフ
грашак*	[男]	豆(豌豆), グリンピース
грб	[男]	紋, 紋章
грбав	[形]	傴僂（せむし）の
грдан	[形]	莫大な; 醜い
грдити -дим	[不完]	叱る→изгрдити
греда	[女]	梁
грејалица*	[女]	ヒーター
грејање	[中]	暖房
грејати -јем	[不完]	暖める→огрејати
грејати се -јем	[不完]	暖まる→огрејати се
грепсти -ребем	[不完]	引っ掻く→огрепсти

грех	[22]

грех	[男] 罪
грешити -*шим*	[不完] 間違える, 誤る →погрешити
грешка*	[女] 間違い, 誤り
грип*	[男] インフルエンザ
гристи -*рижем*	[不完] 噛む, 齧る→угристи
Грк*	[男] ギリシャ人(男)
Гркиња*	[女] ギリシャ人(女)
грлити -*лим*	[不完] 抱く→загрлити
грло*	[中] 喉
грм	[男] 茂み
грмети -*мим*	[不完] 鳴る, 轟く
грмљавина	[女] 雷, 雷鳴
гроб*	[男] 墓
гробље*	[中] 墓場, 墓地
грожђе*	[中] (集合)葡萄
грозан	[形] 物凄い, 酷い
грозд	[男] 葡萄(実); 房
грозница	[女] 熱, 熱病
гром*	[男] 雷
груб* <*грубљи*	[形] 荒い, 粗末な, 乱暴な
груди*	[女複] 胸
грудњак	[男] ブラジャー
група*	[女] 集団, 団体, グループ
грч	[男] 痙攣
Грчка*	[女] ギリシャ
грчки*	[形] ギリシャの
губитак*	[男] 損, 損失
губити* -*бим*	[不完] 失う, 無くす; 負ける, 敗れる→изгубити
губити се -*бим*	[不完] 消える; 迷う→изгубити се

гувернер	[男] 知事, 総裁
гужва*	[女] 混雑
гулити -*лим*	[不完] むく, 剥がす→огулити
гума*	[女] ゴム; タイヤ
гумен*	[形] ゴムの
гумица	[女] 消しゴム
гурати* -*рам*	[不完] 押す, 突く→гурнути
гурнути* -*нем*	[完] 押す, 突く→гурати
гусар	[男] 海賊
гусеница	[女] 毛虫
гуска*	[女] 鵞鳥
густ* <*гушћи*	[形] 濃い
густина*	[女] 濃度, 密度
гутати -*там*	[不完] 呑む→прогутати
гушити се -*шим*	[不完] 窒息する→угушити се
гуштер	[男] 蜥蜴

Д, д

да¹*	[接] と(引用); 〜しに(目的); 〜すれば(条件)
да²*	[小] はい
давати* *дајем*	[不完] 与える, 上げる, 呉れる→дати
давити се -*вим*	[不完] 溺れる→удавити се
давно	[副] 昔, とっくに
дакле*	[接] それでは; つまり

далек	[24]	

далек* <*даљи*	[形] 遠い, 遥かな
далеко <*даље*	[副] 遠くに, 遥かに
даље	[副] 更に
даљина*	[女] 距離
дама	[女] 婦人, 淑女
дан*	[男] 日, 一日; 昼
данас*	[副] 今日
данашњи*	[形] 今日の
дар	[男] 贈物; 素質
даровати -*рујем*	[不完] 贈る, 寄贈する→подарити
даска*	[女] 板
дати* *дам*	[完] 与える, 上げる, 呉れる →давати
датум*	[男] 日付
дах	[男] 息
два*	[数] 二, 二つ
двадесет*	[数] 二十
дванаест*	[数] 十二
двеста*	[数] 二百
двобој	[男] 決闘
двоје	[数] 二人(男女)
двојица	[女] 二人(男)
двојни	[形] 二重の
двор	[男] 宮廷
дворана*	[女] 講堂, ホール
дворац	[男] 城, 館
двориште*	[中] 庭(中庭)
дебата	[女] 討論
дебео* <*дебљи*	[形] 太い, 太った; 厚い
дебљина*	[女] 太さ; 厚さ
деведесет*	[数] 九十

девет*	[数] 九，九つ
девети*	[数] 第九の，九番の；九日
деветнаест*	[数] 十九
деветсто*	[数] 九百
девиза*	[女] (複数)外貨
девица	[女] 乙女，処女
девојка*	[女] 娘，少女；恋人
девојчица*	[女] 少女
деда*	[男] 祖父，お爺さん
дежуран	[形] 当番の
дезинфекција	[女] 消毒
дејство	[中] 作用，効果，効き目
декларација	[女] 宣言
делатност	[女] 活動
делегација*	[女] 代表団
деликатан	[形] 微妙な
делимичан	[形] 部分的
делити* -лим	[不完] 分ける，配る，分割する，割る→поделити
дело	[中] 行為；作品，事業
деловати -лујем	[不完] 活動する，作用する，効く
дељење	[中] 割り算
демократија*	[女] 民主主義
демократски	[形] 民主的
демонстрација	[女] デモ
део*	[男] 部分；部品
деоба*	[女] 分割
деоница	[女] 株，株式；区間
десет*	[数] 十
десети*	[数] 第十の，十番の；十日
десити се -сим	[完] 起こる→дешавати се

десни[1]	[女複] 歯茎
десни[2]*	[形] 右の
десница	[女] 右手; 右翼
детаљ	[男] 詳細, 細部
детаљан	[形] 詳細な, 詳しい
дете* *деца*	[中] 子, 子供, 児童
детерџент	[男] 洗剤
детињаст	[形] 幼い, 幼稚な
детлић	[男] 啄木鳥
деца*	[女] (集合)子, 子供, 児童
децембар*	[男] 十二月
дечак*	[男] 少年
дечји	[形] 子供の
дечко	[男] 少年; 恋人
дешавати се *-вам*	[不完] 起こる→десити се
диван*	[形] 素晴らしい, 素敵な, 見事な
дивити се *-вим*	[不完] 感心する
дивљи	[形] 野生の, 野蛮な
дигитрон	[男] 計算機
дизајн	[男] デザイン, 図案
дизалица*	[женクレーン, 起重機
дизати *дижем*	[不完] 上げる, 起こす→дићи
дизати се *дижем*	[不完] 上がる, 上る, 起き上がる →дићи се
дијагноза	[女] 診断
дијалект	[男] 方言
дијалог	[男] 対話
дијамант	[男] ダイヤモンド
дијета	[女] ダイエット
диктатура	[女] 独裁
дим*	[男] 煙

добар

димњак*	[男] 煙突
динстати -там	[不完] 蒸す→издинстати
диња	[女] メロン
диплома*	[女] 証書, 免状, 賞状
дипломата*	[男] 外交官
дипломатија	[女] 外交
дипломирати -рам	[完/不完] 卒業する
дирати* -рам	[不完] 触る→дирнути
директан*	[形] 直接の
директор*	[男] 社長, 校長, 重役
диригент	[男] 指揮者
диригoвати -гујем	[不完] ким/чим 指揮する
дирљив	[形] 感動的
дирнути* -нем	[完] 触る→дирати
дисати дишем	[不完] 息をする, 呼吸する
дискусија	[女] 議論, 討論
дискутовати -тујем	[完/不完] 論じる, 議論する
дисциплина	[女] 規律; 種目
дићи дигнем	[完] 上げる, 起こす→дизати
дићи се дигнем	[完] 上がる, 上る, 起き上がる →дизати се
длака	[女] 毛
длан	[男] 掌
длето	[中] 鑿(のみ)
дневни*	[形] 一日の, 日刊の
дневник	[男] 日記
дневница	[女] 日当
дно*	[中] 底
до*	[前] кога/чега ～まで(範囲)
доба	[中] 時代, 時期; годишње д— 季節
добар* <бољи	[形] 良い, 上手い

добијати	[28]

добијати* -*јам*	[不完] 得る，貰う→добити
добит*	[女] 利益，利潤，儲け
добитак	[男] 得，当たり
добити* -*бијем*	[完] 得る，貰う→добијати
добро¹	[中] 善
добро² <*боље*	[副] 良い，元気だ
довде	[副] ここまで
довести -*ведем*	[完] 連れて来る→доводити
доводити -*дим*	[不完] 連れて来る→довести
довољан*	[形] 十分な，足りる
довршавати -*вам*	[不完] 完成する，仕上げる →довршити
довршити -*шим*	[完] 完成する，仕上げる →довршавати
догађај*	[男] 出来事，事件，行事
догађати се* -*ђам*	[不完] 起こる→догодити се
договарати се* -*рам*	[不完] 取り決める →договорити се
договор*	[男] 取り決め
договорити се* -*рим*	[完] 取り決める→договарати се
догодити се* -*дим*	[完] 起こる→догађати се
додавати* -*дајем*	[不完] 加える，追加する，足す →додати
додатак*	[男] 追加，おまけ
додати* -*дам*	[完] 加える，追加する，足す →додавати
додела	[女] 授与
доделити -*лим*	[完] 授与する→додељивати
додељивати -*љујем*	[不完] 授与する→доделити
додир	[男] 接触
додиривати -*рујем*	[不完] 触れる→додирнути

доминација

додирнути -нем	[完] 触れる→додиривати
додуше	[副] 尤も
доживети -жим	[完] 体験する→доживљавати
доживљавати -вам	[不完] 体験する→доживети
доживљај	[男] 体験
дозвола*	[女] 許し, 許可, 免許
дозволити -лим	[完] 許す, 許可する →дозвољавати
дозвољавати -вам	[不完] 許す, 許可する →дозволити
дојити -јим	[不完] 授乳する→подојити
дојка	[女] 乳, 乳房
док*	[接] ～するまで, 間, 限り
докада	[副] いつまで
доказ*	[男] 証拠, 証明
доказати -кажем	[完] 証明する→доказивати
доказивати -зујем	[不完] 証明する→доказати
докле*	[副] どこまで, いつまで
доктор*	[男] 医者(男); 博士
докторка*	[女] 医者(女), 女医
документ*	[男] 文書, 書類, 記録
долазак*	[男] 到着
долазити*	[不完] 来る, 到着する→доћи
доле*	[副] 下に
долина*	[女] 谷
дом*	[男] 家庭; 会館, 寮
домаћи	[形] 家庭の; 国内の, 国産の
домаћин*	[男] 主人(男)
домаћинство	[中] 家事, 世帯
домаћица*	[女] 主人(女), 主婦
доминација	[女] 支配

домовина*	[女] 祖国
донекле	[副] やや，多少
донети* -несем	[完] 齎す，持って来る→доносити
доносити* -сим	[不完] 齎す，持って来る→донети
доњи*	[形] 下の
допадати се* -дам	[不完] 気に入る→допасти се
допасти се* -паднем	[完] 気に入る→допадати се
допирати -рам	[不完] 届く，達する→допрети
дописивати се -сујем	[不完] 文通する
дописник*	[男] 特派員
дописница*	[女] 葉書
допрети -рем	[完] 届く，達する→допирати
допринети -несем	[完] 貢献する→доприносити
допринос	[男] 貢献
доприносити -сим	[不完] 貢献する→допринети
допунити -ним	[完] 補う→допуњавати
допуњавати -вам	[不完] 補う→допунити
допустити -тим	[完] 許す(許容)→допуштати
допутовати -тујем	[完] 到着する
допуштати -там	[不完] 許す(許容)→допустити
доручак*	[男] 朝食
доручковати -кујем	[不完] 朝食をとる
досада	[副] 今まで，これまで
досадан*	[形] 退屈な，つまらない，うるさい
доследан	[形] 一貫した，徹底的
доста*	[副] 十分，相当，随分
достава	[女] 配達
доставити -вим	[完] 届ける→достављати
достављати -љам	[不完] 届ける→доставити
достигнуће	[中] 業績
достизати -тижем	[不完] 達する，及ぶ→достићи

достићи -тигнем	[完]	達する,及ぶ→достизати
достојан	[形]	кога/чега 値する;立派な
достојанство	[中]	威厳
дотада	[副]	それまで
дотле	[副]	ここまで,そこまで
доћи* дођем	[完]	来る,到着する→долазити
доходак*	[男]	所得
доцент	[男]	助教授
дочек	[男]	出迎え
дочекати -кам	[完]	迎える→дочекивати
дочекивати -кујем	[不完]	迎える→дочекати
драг* <дражи	[形]	愛する,親愛な;懐かしい;貴重な
драго	[副]	коме 嬉しい
драгоцен	[形]	貴重な,高価な
драгуљ	[男]	宝石,玉
драж	[女]	魅力
драма*	[女]	劇,戯曲,ドラマ
драматичан	[形]	劇的
дрвен*	[形]	木の
дрвеће*	[中]	(集合)木
дрво*	[中]	木;木材,材木,(複数)薪
дрворед	[男]	並木
дрворез	[男]	版画
дремати -мам	[不完]	まどろむ→задремати
држава*	[女]	国家
држављанин	[男]	国民(男)
држављанка	[女]	国民(女)
држављанство	[中]	国籍
државни	[形]	国家の,国立の
држање	[中]	行儀,態度

држати	[32]
држати* -жим	[不完] 持つ，押さえる，支える；置いておく
држати се -жим	[不完] за што 掴まる；чега 守る；振舞う，頑張る
дрзак	[形] 図々しい，生意気な
дрмати -мам	[不完] 揺する→дрмнути
дрмнути -нем	[完] 揺する→дрмати
друг*	[男] 仲間，友達，同志(男)
другарица*	[女] 仲間，友達，同志(女)
другачији	[形] 違った，異なった
другде	[副] 余所で
други*	[数] 第二の，二番の；別の，他の；(名詞)他人；二日
дружити се -жим	[不完] 付き合う，親しむ
друкчији	[形] 違った，異なった
друм	[男] 道路，街道
друштвен*	[形] 社会的，社交的
друштво*	[中] 社会；仲間，連れ；協会
дрхтати -ршћем	[不完] 震える→задрхтати
дршка	[女] 柄，把手
дубина*	[女] 深さ，深度，奥
дубок* <дубљи	[形] 深い
дуван	[男] 煙草(植物)
дувати -вам	[不完] 吹く→дунути
дуг[1]*	[男] 借り，借金
дуг[2]* <дужи	[形] 長い
дуга*	[女] 虹
дугачак* <дужи	[形] 長い
дугме*	[中] ボタン
дуговати -гујем	[不完] 借りる(状態)
дугорочан	[形] 長期の

дуж	[前] кога/чега	〜に沿って
дужан*	[形]	借りがある；義務がある
дужина*	[女]	長さ，縦
дужност	[女]	義務，務め，役目
дунути -нем	[完]	吹く→дувати
дупли	[形]	二重の，倍の
дух*	[男]	精神，気，霊，幽霊
духовит	[形]	気の利いた，洒落た
душа*	[女]	魂，心
душек	[男]	布団(敷布団)

Ђ, ђ

ђаво*	[男]	悪魔，鬼
ђак*	[男]	生徒
ђубре*	[中]	塵芥(ごみ)，肥やし
ђубриво*	[中]	肥やし，肥料
ђурђевак	[男]	鈴蘭

E, e

евакуација	[女]	避難
ево	[小]	ほら，ここに

Европа*	[女] ヨーロッパ
европски*	[形] ヨーロッパの
екипа*	[女] チーム
економија	[女] 経済
економичан	[形] 経済的, 無駄のない
екран	[男] 画面
ексер*	[男] 釘
екскурзија	[女] 遠足
експеримент	[男] 実験
експлодирати -рам	[完/不完] 爆発する
експлозија	[女] 爆発
експрес	[男] 急行, 速達
еластичан	[形] 弾力的, 柔軟な
еластичност	[女] 弾力
елегантан*	[形] 優雅な
електрика*	[女] 電気
електричан*	[形] 電気の
електрон	[男] 電子
електроника	[女] 電子工学
елемент*	[男] 要素, 元素
емисија*	[女] 放送
емитовати -тујем	[完/不完] 放送する
емоција	[女] 感情, 情緒
Енглез*	[男] イギリス人(男)
Енглеска*	[女] イギリス, 英国
енглески*	[形] イギリスの
Енглескиња*	[女] イギリス人(女)
енергија*	[女] エネルギー, 精力, 勢い
енергичан	[形] 精力的
ено	[小] ほら, あそこに
енциклопедија	[女] 百科事典

епидемија*	[女]	伝染病
ерупција	[女]	噴火
есеј	[男]	随筆, エッセイ
етапа	[女]	段階
етикета	[女]	ラベル
етикеција	[女]	エチケット
ето	[小]	ほら, そこに
ефект	[男]	効果, 効力
ефектан	[形]	効果的, 有効な, 鮮やかな
ефикасан*	[形]	効果的, 能率的
ефикасност	[女]	能率
ехо	[男]	木霊(こだま)

Ж, ж

жаба*	[女]	蛙
жалба	[女]	苦情, 不平
жалити -лим	[不完]	惜しむ, 悲しむ
жалити се -лим	[不完]	不平を言う, 零(こぼ)す
жалост	[女]	悲しみ; 喪
жалостан	[形]	悲しい, 哀れな, 情けない
жао*	[副]	коме 残念だ, 気の毒だ
жар	[男]	火, 炭火
жариште	[中]	焦点
жбун	[男]	茂み, 藪, 潅木
жвакати -вачем	[不完]	噛む
ждрал	[男]	鶴

жедан	[36]

жедан*	[形] 渇いた
жеђ	[女] 渇き
железница*	[女] 鉄道
железо	[中] 鉄
желети* -лим	[不完] 欲しい; 欲する, 願う, 望む →пожелети
желудац	[男] 胃
жеља*	[女] 欲望, 願い, 望み
жена*	[女] 女, 女性, 婦人; 妻
женидба	[女] 結婚(男)
женити се -ним	[不完] 結婚する(男)→оженити се
женка	[女] 雌
женски*	[形] 女の
жесток <жешћи	[形] 激しい, 猛烈な
жетва*	[女] 取り入れ, 収穫
жети жњем	[不完] 収穫する→пожњети
жив* <живљи	[形] 生きている, 活発な
жива*	[女] 水銀
живац	[男] 神経
живети* -вим	[不完] 生きる, 暮らす, 生活する, 住む
живот*	[男] 命, 生命; 暮らし, 生活; 人生
животиња*	[女] 動物
жито*	[中] 穀物
жица*	[女] 針金, 電線
жреб	[男] 籤(抽選)
жртва	[女] 犠牲
жртвовати -твујем	[不完] 犠牲にする
жуљ	[男] 肉刺, 胼胝
журити -рим	[不完] 急がせる, 急ぐ→пожурити
журити се -рим	[不完] 急ぐ→пожурити се

жут* <*жући*>   [形] 黄色い

З, з

за*	[前] кога/што ～のために(目的)，～へ(方向)；ким/чим ～の後ろに，後に
забава	[女] 楽しみ，遊び，娯楽
забаван	[形] 楽しい，愉快な
забавити се -*вим*	[完] 楽しむ→забављати се
забављати се -*љам*	[不完] 楽しむ→забавити се；交際する
забележити -*жим*	[完] 書き留める，記録する →бележити
заблистати -*там*	[完] 輝く→блистати
заблуда	[女] 間違い，誤解，迷い
заборављан	[形] 忘れっぽい
заборавити* -*вим*	[完] 忘れる→заборављати
заборављати* -*љам*	[不完] 忘れる→заборавити
забрана*	[女] 禁止
забранити* -*ним*	[完] 禁じる，禁止する →забрањивати
забрањивати* -*њујем*	[不完] 禁じる，禁止する →забранити
забринути се* -*ним*	[完] 心配する，憂慮する →бринути се
забринутост	[女] 心配，憂慮

забрињавајући	[38]

забрињавајући	[形] 心配な
забуна	[女] 混乱, 困惑
завера	[女] 陰謀
завеса*	[女] 幕, カーテン
завидети -*дим*	[不完] 羨む; 羨ましい
зависити -*сим*	[不完] од кога/чега 依存する
зависност	[女] 依存, 従属
завичај	[男] 故郷, 古里
завод	[男] 施設, 研究所
завој	[男] 包帯
заврнути -*нем*	[完] 捻る, ねじる→завртати
завртати -*рћем*	[不完] 捻る, ねじる→заврнути
завршавати* -*вам*	[不完] 終える, 済ませる →завршити
завршавати се -*вам*	[不完] 終わる, 済む, 終了する →завршити се
завршетак*	[男] 終わり, 終了
завршити* -*шим*	[完] 終える, 済ませる →завршавати
завршити се -*шим*	[完] 終わる, 済む, 終了する →завршавати се
загадити -*дим*	[完] 汚す, 汚染する→загађивати
загађење	[中] 汚染, 公害
загађивати -*ђујем*	[不完] 汚す, 汚染する→загадити
загонетка*	[女] 謎, 謎々
загоревати -*вам*	[不完] 焦げる→загорети
загорети -*рим*	[完] 焦げる→загоревати
заграда	[女] 括弧
загрејавати -*вам*	[不完] 温める, 熱する→загрејати
загрејавати се -*вам*	[不完] 温まる, 熱中する →загрејати се

загрејати -*јем*	[完]	温める，熱する→загрејавати
загрејати се -*јем*	[完]	温まる，熱中する
		→загрејавати се
загрлити -*лим*	[完]	抱く→грлити
задатак*	[男]	課題，任務；домаћи з— 宿題
задњи*	[形]	後ろの，最後の
задњица	[女]	(複数)尻
задовољавајући	[形]	無難な
задовољавати -*вам*	[不完]	満たす，満足させる
		→задовољити
задовољан*	[形]	満足な
задовољити -*љим*	[完]	満たす，満足させる
		→задовољавати
задовољство	[中]	満足，喜び
задремати -*мам*	[完]	まどろむ→дремати
задржавати -*вам*	[不完]	留める，引き留める
		→задржати
задржавати се -*вам*	[不完]	留まる→задржати се
задржати -*жим*	[完]	留める，引き留める
		→задржавати
задржати се -*жим*	[完]	留まる→задржавати се
задруга*	[女]	組合(協同組合)
задрхтати -*дршћем*	[完]	震える→дрхтати
заинтересован	[形]	за кога/што 関心がある
заиста*	[副]	実際，本当に
зајам*	[男]	借款
заједница	[女]	共同体，社会
заједнички	[形]	共同の，共通の
заједно*	[副]	一緒に，共に
закаснити -*ним*	[完]	遅れる，遅刻する→каснити
заклати -*кољем*	[完]	屠殺する→клати

заклетва	[女] 誓
заклети се -кунем	[完] 誓う→клети се
закључак	[男] 結論
закључивати -чујем	[不完] 結ぶ,結論する →закључити
закључити -чим	[完] 結ぶ,結論する →закључивати
закон*	[男] 法律,法則
закопавати -вам	[不完] 埋める→закопати
закопати -пам	[完] 埋める→закопавати
закрпити -пим	[完] 繕う→крпити
залазити -зим	[不完] 沈む→заћи
following	
заледити се -дим	[完] 凍る→залеђивати се
залеђивати се -ђујем	[不完] 凍る→заледити се
залепити -пим	[完] 貼る→лепити
залепити се -пим	[完] 付く,張り付く→лепити се
залив	[男] 湾
заливати -вам	[不完] 注ぐ→залити
залити -лијем	[完] 注ぐ→заливати
залиха	[女] 在庫,蓄え
залутати -там	[完] 迷う→лутати
заљубити се -бим	[完] у кога/што 恋する →заљубљивати се
заљубљивати се -љујем	[不完] у кога/што 恋する →заљубити се
замак*	[男] 城
замало	[副] 危うく,ほとんど
замена	[女] 代わり,代用
заменик	[男] 代理,次官
заменити -ним	[完] 代える,取り替える;代わる →замењивати

запалити

заменица	[女] 代名詞
замењивати -њујем	[不完] 代える，取り替える；代わる →заменити
замерати -рам	[不完] 咎める→замерити
замерити -рим	[完] 咎める→замерати
замисао	[女] 構想，考え
замислити -лим	[完] 考える→замишљати
замишљати -љам	[不完] 考える→замислити
замка	[女] 罠
замолити* -лим	[完] 頼む，願う→молити
замрзавати -вам	[不完] 冷凍する→замрзнути
замрзнути -нем	[完] 冷凍する→замрзавати
замутити се -тим	[完] 濁る→мутити
занат	[男] 仕事，職業(手職)
занатство	[中] 手工業
занемаривати -рујем	[不完] 無視する→занемарири
занемарити -рим	[完] 無視する→занемаривати
занимање*	[中] 職業；興味
занимати -мам	[不完] 興味をひく
занимати се -мам	[不完] за кога/што 興味をもつ
занимљив*	[形] 面白い
зао* <гори	[形] 悪い
заостајати -јем	[不完] 後れる，劣る→заостати
заостати -станем	[完] 後れる，劣る→заостајати
запад*	[男] 西；З— 西洋
западни*	[形] 西の，西洋の
запажати -жам	[不完] 気付く，注目する →запазити
запазити -зим	[完] 気付く，注目する →запажати
запалити -лим	[完] 燃やす，点ける(火)→палити

запалити се	[42]	
запалити се -лим	[完] 点く(火)→палити се	
запаљење	[中] 炎症	
запамтити -тим	[完] 覚える, 記憶する→памтити	
запета*	[女] 点, コンマ	
запис	[男] 記録, (複数)手記	
записати -пишем	[完] 書き取る, 記録する →записивати	
записивати -сујем	[不完] 書き取る, 記録する →записати	
запослен	[形] 忙しい	
запосленост	[女] 雇用	
запослити -лим	[完] 雇う, 雇用する →запошљавати	
запослити се -лим	[完] 就職する→запошљавати се	
запошљавати -вам	[不完] 雇う, 雇用する →запослити	
запошљавати се -вам	[不完] 就職する→запослити се	
запушавати се -вам	[不完] 詰まる→запушити се	
запушити се -шим	[完] 詰まる→запушавати се	
зар	[小] 果たして(疑問)	
зарада	[女] 稼ぎ, 儲け	
зарадити -дим	[完] 稼ぐ, 儲ける→зарађивати	
зарађивати -ђујем	[不完] 稼ぐ, 儲ける→зарадити	
зарђати -ђам	[完] 錆びる→рђати	
зарез	[男] 点, コンマ	
заробљеник	[男] 捕虜	
заронити -ним	[完] 潜る→ронити	
засада	[副] 当面, ひとまず	
засебан	[形] 別々の	
заслуга	[女] 功績, 手柄	
заслуживати -жујем	[不完] 値する→заслужити	

заслужити -жим	[完]	値する→заслуживати
застава*	[女]	旗
заступати -пам	[不完]	代表する；主張する
заступник	[男]	代理，代表
затварати* -рам	[不完]	閉める，閉じる，塞ぐ，閉じ込める→затворити
затварати се -рам	[不完]	閉まる，閉じる，閉じ籠る→затворити се
затвор*	[男]	刑務所
затворен*	[形]	閉まっている
затвореник	[男]	囚人
затворити* -рим	[完]	閉める，閉じる，塞ぐ，閉じ込める→затварати
затворити се -рим	[完]	閉まる，閉じる，閉じ籠る→затварати се
затим*	[副]	それから
зато*	[副]	だから；зато што なぜなら
затражити* -жим	[完]	求める→тражити
заћи зађем	[完]	沈む→залазити
заувек	[副]	いつまでも
заузет*	[形]	忙しい；塞がっている
заузети -змем	[完]	占める，取る→заузимати
заузимати -мам	[不完]	占める，取る→заузети
зауставити -вим	[完]	止める→заустављати
зауставити се -вим	[完]	止まる→заустављати се
заустављати -љам	[不完]	止める→зауставити
заустављати се -љам	[不完]	止まる→зауставити се
захвалан	[形]	有難い
захвалити се* -лим	[完]	感謝する→захваљивати се
захвалност	[女]	感謝

захваљивати се* -љујем	[不完] 感謝する →захвалити се
захваљујући	[形] коме/чему ～のお蔭で
захтев*	[男] 要求, 要請
захтевати* -вам	[不完] 要求する, 要請する
зачас	[副] 忽ち, 咄嗟に
зачин	[男] 調味料
зачудити се -дим	[完] 驚く, 怪しむ→чудити се
заштита	[女] 保護
заштитити -тим	[完] 保護する→штитити
зашто*	[副] なぜ, どうして
збивање	[中] 出来事, 事件
збиља	[副] 本当に
збир	[男] 合計, 総計
збирка	[女] 収集
због*	[前] кога/чега ～のために(原因)
збор	[男] 集会
збунити се -ним	[完] 当惑する, 慌てる →збуњивати се
збуњивати се -њујем	[不完] 当惑する, 慌てる →збунити се
званичан	[形] 公式の, 正式の
звање	[中] 肩書き
звати* зовем	[不完] 呼ぶ
звати се зовем	[不完] ～と言う(名前)
звезда*	[女] 星; スター
звер	[女] 獣, 野獣
звиждати -дам	[不完] 口笛をふく
звиждук	[男] 口笛
звонити -ним	[不完] 鳴る(鐘); 鳴らす
звоно*	[中] 鐘, 呼び鈴, 鈴, ベル

звук*	[男]	音，響き
звучати -*чим*	[不完]	響く
звучник	[男]	拡声器，スピーカー
зглоб	[男]	関節
згњечити -*чим*	[完]	潰す→гњечити
згодан*	[形]	便利な；綺麗な（人）
зграда*	[女]	建物，ビル
здрав*	[形]	健康な，元気な，健全な
здравље*	[中]	健康
здравство	[中]	保健
зебра	[女]	縞馬
зевати -*вам*	[不完]	欠伸をする
зелен*	[形]	緑の
земаљски	[形]	地上の
земља*	[女]	3− 地球；地，土；国，国土
земљиште	[中]	土地
земљотрес	[男]	地震
зеница	[女]	瞳
зет	[男]	婿
зец*	[男]	兎
зид*	[男]	壁，塀
зидати -*дам*	[不完]	築く→сазидати
зима*	[女]	冬
зимски	[形]	冬の
златан*	[形]	金の
злато*	[中]	金
зло	[中]	悪
злочин*	[男]	罪，犯罪
змај	[男]	龍；凧
змија*	[女]	蛇
знак*	[男]	印，記号，合図；兆候，気配

знање*	[中] 知識
знатан	[形] かなりの，相当な
знатно	[副] かなり，相当，余程
знати* *знам*	[不完] 知る
значај*	[男] 意義
значајан*	[形] 重要な，重大な
значење	[中] 意味
значити* *-чим*	[不完] 意味する
значка	[女] バッジ
зној*	[男] 汗
знојити се *-јим*	[不完] 汗をかく→ознојити се
зона	[女] 地帯
зора*	[女] 夜明け
зрак	[男] 光線
зрео	[形] 熟した
зрно	[中] 粒
зуб*	[男] 歯
зубатац	[男] 鯛

И, и

и*	[接] そして；および，と，や(並列)； ～も(強調)
иако*	[接] ～けれど，～のに(逆説条件)
ивица*	[女] 端
игла*	[女] 針
игра*	[女] 遊び，ゲーム；踊り，ダンス

игралиште	[中]	運動場
играти* -рам	[不完]	踊る, 演じる, 試合をする →одиграти
играти се -рам	[不完]	чега 遊ぶ
играч	[男]	選手(男)
играчица	[女]	選手(女), 踊り子
играчка*	[女]	玩具
идеал	[男]	理想
идеалан	[形]	理想的
идеја*	[女]	アイデア, 案; 観念
идеологија*	[女]	イデオロギー
идући*	[形]	次の, 今度の
из*	[前]	кога/чега ～から(起点)
иза*	[前]	кога/чега ～の後ろに, 奥に
изабрати* -берем	[完]	選ぶ→бирати
изазвати -зовем	[完]	起こす; 挑む, 挑戦する →изазивати
изазивати -вам	[不完]	起こす; 挑む, 挑戦する →изазвати
изазов	[男]	挑戦
изаћи* -зађем	[完]	出る, 出掛ける, 外出する →излазити
избацивати -цујем	[不完]	放り出す→избацити
избацити -цим	[完]	放り出す→избацивати
избегавати -вам	[不完]	避ける, 逃れる→избећи
избеглица	[男/女]	難民
избећи -бегнем	[完]	避ける, 逃れる→избегавати
избијати -јам	[不完]	発生する→избити
избити -бијем	[完]	発生する→избијати
изблиза	[副]	近くから

избор [48]

избор*	[男] 選択；(複数)選挙
избрисати -*ришем*	[完] 拭う，消す→брисати
избројити -*јим*	[完] 数える，勘定する→бројати
извадити -*дим*	[完] 抜く，取り出す→вадити
извајати -*јам*	[完] 彫る→вајати
изван*	[前] кога/чега ～の外に，外から
изванредан	[形] 特別の，優れた
известан	[形] 確かな，確実な；或る
извести[1] -*ведем*	[完] 連れ出す；上演する，演奏する →изводити
извести[2] -*везем*	[完] 輸出する→извозити
известити -*тим*	[完] 報告する→извештавати
извештавати -*вам*	[不完] 報告する→известити
извештај	[男] 報告，報道
извинити се* -*ним*	[完] 謝る→извињавати се
извињавати се* -*вам*	[不完] 謝る→извинити се
извлачити -*чим*	[不完] 引き出す→извући
извлачити се -*чим*	[不完] 切り抜ける→извући се
изводити -*дим*	[不完] 連れ出す；上演する，演奏する→извести
извоз*	[男] 輸出
извозити -*зим*	[不完] 輸出する→извести
изволети *изволи изволите*	[完] (命令)どうぞ
извор*	[男] 泉，源泉
изврстан	[形] 素晴らしい
извршавати -*вам*	[不完] 実行する→извршити
извршити -*шим*	[完] 実行する→извршавати
извући -*вучем*	[完] 引き出す→извлачити
извући се -*вучем*	[不完] 切り抜ける→извлачити се
изгланцати -*цам*	[完] 磨く→гланцати

излазак

изглед	[男] 見掛け, 様子, 格好; 見込み
изгледати* -дам	[不完] 見える; ようだ, らしい
изговарати -рам	[不完] 発音する→изговорити
изговор*	[男] 発音; 言い訳
изговорити -рим	[完] 発音する→изговарати
изгорети -рим	[完] 燃える, 焼ける→горети
изградити* -дим	[完] 建てる, 建設する, 築く →градити
изградња	[女] 建設
изгрдити -дим	[完] 叱る→грдити
изгубити* -бим	[完] 失う, 無くす; 負ける, 敗れる→губити
изгубити се -бим	[完] 消える; 迷う→губити се
издавати -дајем	[不完] 出す, 発行する, 出版する; 裏切る, 背く→издати
издавач	[男] 出版社
издаја	[女] 裏切り
издати -дам	[完] 出す, 発行する, 出版する; 裏切る, 背く→издавати
издинстати -там	[完] 蒸す→динстати
издржавати -вам	[不完] 耐える, 我慢する →издржати; 扶養する
издржати -жим	[完] 耐える, 我慢する →издржавати
изјава	[女] 声明, 談話
изјавити -вим	[完] 述べる→изјављивати
изјављивати -љујем	[不完] 述べる→изјавити
излагати -лажем	[不完] 展示する, 曝す; 述べる →изложити
излаз*	[男] 出口
излазак	[男] 外出, 出現

излазити [50]

излазити* -зим	[不完] 出る, 出掛ける, 外出する →изаћи
излет*	[男] 遠足
излечити -чим	[完] 治す, 治療する→лечити
излог*	[男] ショーウィンドー
изложба*	[女] 展覧会
изложити -жим	[完] 展示する, 曝す; 述べる →излагати
измаглица	[女] 霞
између*	[前] кога/чега ～の間に
измена	[女] 変更
изменити -ним	[完] 変える, 変更する →измењивати
измењивати -њујем	[不完] 変える, 変更する →изменити
измерити -рим	[完] 計る→мерити
измет	[男] 糞
измешати се -шам	[完] 混じる→мешати се
измислити -лим	[完] 考え出す→измишљати
измишљати -љам	[不完] 考え出す→измислити
изнад*	[前] кога/чега ～の上に, 上から
изненада	[副] 不意に, 突然, いきなり
изненадан	[形] 不意の
изненадити -дим	[完] 驚かす→изненађивати
изненадити се* -дим	[完] 驚く→изненађивати се
изненађивати -ђујем	[不完] 驚かす→изненадити
изненађивати се* -ђујем	[不完] 驚く→изненадити се
изнети -несем	[完] 持ち出す→износити
изнова	[副] 新たに
износ*	[男] 総額, 金額

име

износити -сим	[不完] 持ち出す→изнети; 成る(総額)
изнутра	[副] 中から, 内部から
изолација	[女] 孤立
израда	[女] 作成, 仕上げ
израдити -дим	[完] 作成する→израђивати
израђивати -ђујем	[不完] 作成する→израдити
изражавати -вам	[不完] 表す, 表現する→изразити
израз	[男] 表現, 表情, 表れ
изразит	[形] 目立つ, 著しい
изразити -зим	[完] 表す, 表現する→изражавати
израњати -њам	[不完] 浮く→изронити
израчунати -нам	[完] 計算する→рачунати
изрека	[女] 格言
изронити -ним	[完] 浮く→израњати
изузев	[前] кога/чега ～を除いて
изузетак*	[男] 例外
изузетан	[形] 例外的
изум	[男] 工夫, 発明
икада	[副] いつか, 嘗て
икако	[副] 何とか, どうにか
ико	[代] 誰か, 誰でも
икона*	[女] イコン(聖像)
или*	[接] または, あるいは; か(選択)
илузија	[女] 幻想
илустрација	[女] 挿絵; 実例
имагинација	[女] 想像
имање	[中] 財産, 地所
имати* -мам	[不完] 持つ, 有る(所有/属性); (無人)кога/чега 在る, 居る(存在)
име*	[中] 名, 名前

именик	[男] 名簿
именица	[女] 名詞
именовати -*нујем*	[不完] 任命する→наименовати
имитација	[女] 真似, 模造
имитирати -*рам*	[不完] 真似る
имовина*	[女] 財産
империја	[女] 帝国
империјализам*	[男] 帝国主義
инат	[男] 意地
иначе	[副] さもないと
инвалид	[男] 障害者
инвестирати -*рам*	[完/不完] 投資する
инвестиција*	[女] (複数)投資
Индија	[女] インド
Индијац	[男] インド人(男)
Индијка	[女] インド人(女)
индиректан	[形] 間接の
индустрија*	[女] 工業, 産業
инжењер*	[男] 技師
инјекција*	[女] 注射
иностран	[形] 外国の, 国外の
иностранство*	[中] 外国
инсект	[男] 虫, 昆虫
инсистирати -*рам*	[不完] 主張する
инсталација	[女] 設備
институт*	[男] 研究所
инструмент	[男] 道具, 器具, 楽器
интелигентан	[形] 知的
интелигенција	[女] 知能; 知識人, インテリ(総称)
интерес*	[男] 関心, 利害
интересантан*	[形] 面白い

интересовати -*сујем*	[完/不完]	кога 関心をひく
интересовати се -*сујем*	[完/不完]	за кога/што 関心をもつ
интернационалан	[形]	国際的
инфлација	[女]	インフレ
информација*	[女]	情報，案内
информисати -*мишем*	[完/不完]	知らせる，報道する
иње	[中]	霜
ипак*	[接]	それでも，やはり
иронија	[女]	皮肉
иселити се -*лим*	[完]	立ち退く，移住する →исељавати се
исељавати се -*вам*	[不完]	立ち退く，移住する →иселити се
исељеник	[男]	移民
исећи* -*сечем*	[完]	切る，切り抜く→сећи
исецкати -*кам*	[完]	刻む→сецкати
искакати -*кам*	[不完]	飛び出す→искочити
искључивати -*чујем*	[不完]	切る(電気)；締め出す，除外する→искључити
искључиво	[副]	専ら
искључити -*чим*	[完]	切る(電気)；締め出す，除外する→искључивати
ископати -*пам*	[完]	掘る→копати
искористити* -*тим*	[完]	利用する→искоришћавати
искоришћавати -*вам*	[不完]	利用する→искористити
искочити -*чим*	[完]	飛び出す→искакати
искра	[女]	火花
искрен*	[形]	誠実な，率直な
искусан*	[形]	老練の，熟練の
искуство*	[中]	経験

ислам	[男] イスラム教
испадати -дам	[不完] 落ちる→испасти
испасти -паднем	[完] 落ちる→испадати
испеглати -лам	[完] アイロンをかける→пеглати
испећи -печем	[完] 焼く(パン)→пећи
испирати -рам	[不完] すすぐ，ゆすぐ→испрати
испит*	[男] 試験
испитати* -там	[完] 調べる，試験する→испитивати
испитивати* -тујем	[不完] 調べる，試験する→испитати
исплата	[女] 支払い
исплатити -тим	[完] 支払う→исплаћивати
исплаћивати -ћујем	[不完] 支払う→исплатити
исплести -летем	[完] 編む→плести
исповедати -дам	[不完] 告白する→исповедити
исповедити -дим	[完] 告白する→исповедати
исповест	[女] 告白
испод*	[前] кога/чега ～の下に，下から
испољавати -вам	[不完] 現す，発揮する→испољити
испољити -љим	[完] 現す，発揮する→испољавати
испорука*	[女] 納入
исправан	[形] 正しい
исправити -вим	[完] 直す，訂正する→исправљати
исправка	[女] 訂正
исправљати -љам	[不完] 直す，訂正する→исправити
испразнити -ним	[完] 空ける，空にする→празнити
испрати -перем	[完] すすぐ，ゆすぐ→испирати
испратити -тим	[完] 見送る→испраћати
испраћај	[男] 見送り

историјски

испраћати -ћам	[不完] 見送る→испратити
испред*	[前] кога/чега 〜の前に，前から
испрести -редем	[完] 紡ぐ→прести
испржити -жим	[完] 焼く，炒める，揚げる →пржити
испричати* -чам	[完] 話す，語る，喋る→причати
испрљати -љам	[完] 汚す→прљати
испрљати се -љам	[完] 汚れる→прљати се
испробати -бам	[完] 試す→пробати
испунити -ним	[完] 満たす，一杯にする，遂げる →испуњавати
испуњавати -вам	[不完] 満たす，一杯にする，遂げる →испунити
испустити -тим	[完] 落とす→испуштати
испуштати -там	[不完] 落とす→испустити
истакнут	[形] 優れた
истаћи* -такнем	[完] 揚げる；強調する→истицати
истерати -рам	[完] 追い出す→истеривати
истеривати -рујем	[不完] 追い出す→истерати
истећи -текнем	[完] 切れる(時間)→истицати
исти*	[形] 同じ
истина*	[女] 真実，真理
истински	[形] 真の
истицати[1]* -тичем	[不完] 揚げる；強調する→истаћи
истицати[2] -тичем	[不完] 切れる(時間)→истећи
истовремен	[形] 同時の
исток*	[男] 東；И— 東洋
истопити -пим	[完] 溶かす→топити
истопити се -пим	[完] 溶ける→топити се
историја*	[女] 歴史
историјски	[形] 歴史的

источни*	[形] 東の；東洋の
истрага	[女] 捜査
истраживање	[中] 調査
истраживати -*вам*	[不完] 調査する→истражити
истражити -*жим*	[完] 調査する→истраживати
истрајати -*јем*	[完] 粘る，頑張る
истрљати -*љам*	[完] 擦る，揉む→трљати
истући* -*тучем*	[完] 殴る→туђи
исход	[男] 結末
исхрана	[女] 食，食物
исцедити -*дим*	[完] 搾る→цедити
исцрпан	[形] 詳しい
исцрпсти -*пем*	[完] 尽くす→црпсти
исцурити -*рим*	[完] 漏る，漏れる→цурити
Италија*	[女] イタリア
Италијан*	[男] イタリア人(男)
Италијанка*	[女] イタリア人(女)
италијански*	[形] イタリアの
ићи* *идем*	[不完] 行く，通う
ишта	[代] 何か
ишчупати -*пам*	[完] むしる，引き抜く→чупати

J, j

ја*	[代] 私，僕
јабука*	[女] 林檎
јаван*	[形] 公共の，公開の

jato

jaвити -вим	[完] 知らせる→jaвљати
jaвити се* -вим	[完] 連絡する；現れる
	→jaвљати се
jaвљати -љам	[不完] 知らせる→jaвити；報じる
jaвљати се* -љам	[不完] 連絡する；現れる
	→jaвити се
jaвност	[女] 世間, 世論
jaвор	[男] 楓, 紅葉
jaгње* *jaгањци*	[中] 羊(子), 子羊
jaгода*	[女] 苺
jaдан	[形] 哀れな, 可哀相な, 惨めな
jaзбина	[女] 巣(動物)
jaje*	[中] 卵
jaк* <*jaчи*	[形] 強い, 丈夫な
jaкна	[女] 上着
jaко*	[副] とても, 大変
jaлов	[形] 不毛の
jaма	[女] 穴, 洞穴, 洞窟
jaнуар*	[男] 一月
Jaпан*	[男] 日本
Jaпанац*	[男] 日本人(男)
Jaпанка*	[女] 日本人(女)
jaпански*	[形] 日本の
jaрак	[男] 溝, どぶ
jaрац	[男] 山羊(雄)
jaрбол	[男] 帆柱, 旗竿
jaсан*	[形] 明らかな, はっきりした
jaсле	[女複] 託児所
jaстреб	[男] 鷹
jaстук*	[男] 枕
jaто	[中] 群れ(鳥)

jахати *jашем*	[完/不完] 乗る(馬)
jачати -*чам*	[不完] 強まる；強める→ojачати
jачина	[女] 強さ，強度
Jевреjин	[男] ユダヤ人(男)
Jевреjка	[女] ユダヤ人(女)
jегуља	[女] 鰻
jедан*	[数] 一，一つ
jеданаест*	[数] 十一
jедва	[副] やっと，漸く
jедини*	[形] 唯一の
jединица	[女] 単位；部隊
jедино	[副] 〜だけ(限定)
jединствен	[形] 統一的；独特の
jединство*	[中] 統一，団結
jеднак	[形] 等しい，同じ，平等な
jеднакост	[女] 平等
jеднина	[女] 単数
jедном	[副] 一度
jедноставан	[形] 単純な，質素な，地味な
jедро	[中] 帆
jеж	[男] 針鼠
jезгро	[中] 核，芯
jезеро*	[中] 湖
jезив	[形] ぞっとする，気味悪い
jезик*	[男] 舌；言葉，言語
jела*	[女] 樅
jелен*	[男] 鹿
jело*	[中] 食べ物，料理
jеловник*	[男] 献立，メニュー
jер*	[接] 〜ので，だから(理由/原因)
jесен*	[女] 秋

jesењи	[形] 秋の
jesti* *jeдem*	[不完] 食べる,食う→појести
jetra	[女] 肝臓
jeфтин*	[形] 安い
jeчам*	[男] 大麦
jечати -*чим*	[不完] 唸る
јорган*	[男] 布団(掛布団)
још*	[副] もっと;まだ,なお
југ*	[男] 南
Југославија	[女] ユーゴスラビア
Југословен	[男] ユーゴスラビア人(男)
Југословенка	[女] ユーゴスラビア人(女)
југословенски	[形] ユーゴスラビアの
јужни*	[形] 南の
јул*	[男] 七月
јун*	[男] 六月
јунак*	[男] 英雄,勇者;主人公(男)
јунакиња	[女] 主人公(女)
јуне	[中] 牛(若牛)
Јупитер	[男] 木星
јурити -*рим*	[不完] за ким/чим 追う,走る →пojурити
јутарњи	[形] 朝の
јутро*	[中] 朝
јутрос	[副] 今朝
јутрошњи	[形] 今朝の
јуче*	[副] 昨日
јучерашњи*	[形] 昨日の

К, к

к, ка*	[前] коме/чему ～の方へ(方向)
кабина	[女] 船室，客室(飛行機)
кабинет	[男] 内閣；研究室
кавез	[男] 籠，檻
када¹*	[副] いつ
	[接] ～する時
када²	[女] 風呂(桶)，浴槽
кадар	[男] 幹部，要員
кажипрст	[男] 人差指
кажњавати -вам	[不完] 罰する→казнити
казати* кажем	[完/不完] 言う；кога 言い付ける
казна	[女] 罰
казнити -ним	[完] 罰する→кажњавати
каиш*	[男] ベルト
кајати се -јем	[不完] 後悔する→покајати се
кајсија*	[女] 杏(あんず)
какав*	[代] どんな，どのような
како*	[副] どう，どのように，どうして
калај	[男] 錫
календар*	[男] カレンダー，暦
камата*	[女] 利息，利子，金利
камен*	[男] 石
камера*	[女] カメラ
камила	[女] 駱駝(らくだ)

камин	[男]	暖炉
камион*	[男]	トラック
канал	[男]	運河; チャンネル
канализација	[女]	下水
канап	[男]	紐
кандидат	[男]	候補
канцеларија*	[女]	事務所
као*	[接]	～として, ～のように; као да あたかも, まるで
кап	[女]	滴
капа*	[女]	帽子(縁無し)
капак	[男]	瞼(まぶた)
капати -пљем	[不完]	滴る, 垂れる, 漏れる
капацитет*	[男]	能力; 設備
капетан	[男]	船長
капија*	[女]	門
капитал*	[男]	資本
капитализам*	[男]	資本主義
капиталиста	[男]	資本家
капитен	[男]	主将
капитулација	[女]	降伏
капут*	[男]	外套, オーバー
карактер*	[男]	性格, 人柄
карактеристика*	[女]	特徴
каранфил*	[男]	カーネーション
каријера	[女]	出世, 経歴
карика	[女]	環
карикатура	[女]	漫画
кармин	[男]	口紅
карта*	[女]	地図; 絵葉書; 切符; 札(ふだ), 券, トランプ, カルタ

картон	[62]

картон	[男] ボール紙, 段ボール
каса*	[女] 金庫; 会計
касан	[形] 遅い
касарна	[女] 兵舎
каснити -ним	[不完] 遅れる, 遅刻する →закаснити
касно*	[副] 遅く, 遅れて
каталог	[男] カタログ, 目録
катанац	[男] 錠(南京錠)
катастрофа	[女] 破滅, 惨事
катедрала*	[女] 大聖堂
каткада	[副] 時々
кауч	[男] ソファー
кафа*	[女] コーヒー
кафана*	[女] カフェー, レストラン
кафић	[男] 喫茶店
кацига	[女] 兜, ヘルメット
качити -чим	[不完] 掛ける→окачити
каша	[女] 粥
кашаљ	[男] 咳
кашика*	[女] 匙, スプーン
кашичица	[女] 小匙
кашљати -љем	[不完] 咳をする
квадрат	[男] 四角, 正方形
квалитет*	[男] 質, 品質
квалитетан	[形] 上等の
квалификација	[女] 資格; 予選
квар*	[男] 故障
кварити -рим	[不完] 壊す→покварити
кварити се -рим	[不完] 壊れる, 故障する, 腐る →покварити се

кичма

квасити -*сим*	[不完] 濡らす→поквасити
квасити се -*сим*	[不完] 濡れる→поквасити се
квиз	[男] クイズ
кекс	[男] ビスケット
келнер*	[男] 給仕, ボーイ
келнерица*	[女] ウエートレス
керамика	[女] 陶器
кеса*	[女] 袋
кестен	[男] 栗, マロニエ
кецеља*	[女] エプロン, 前掛け
кидати -*дам*	[不完] 千切る→покидати
кијавица	[女] 風邪
кијати -*јам*	[不完] くしゃみをする→кинути
кикирики*	[男] ピーナッツ, 南京豆
килограм	[男] キロ(重さ)
километар	[男] キロ(長さ)
Кина*	[女] 中国
Кинез*	[男] 中国人(男)
кинески	[形] 中国の
Кинескиња*	[女] 中国人(女)
кип	[男] 像
кипети -*пим*	[不完] 煮立つ
кирија*	[女] 家賃
киселина	[女] 酸
киселити -*лим*	[不完] 漬ける
кисео*	[形] 酸っぱい
кисеоник	[男] 酸素
киснути -*нем*	[不完] 濡れる(雨)→покиснути
кист	[男] 筆
кит*	[男] 鯨
кичма*	[女] 背骨

киша*	[女] 雨
кишобран*	[男] 傘
клавир*	[男] ピアノ
кладити се -дим	[完/不完] 賭ける
клањати се -њам	[不完] お辞儀する→поклонити се
клас	[男] 穂
класа*	[女] 階級, 等級
класика	[女] 古典
класификација	[女] 分類
клати кољем	[不完] 屠殺する→заклати
клацкалица	[女] シーソー
клевета	[女] 中傷, 悪口
клеветати -већем	[不完] 中傷する→оклеветати
клекнути -нем	[完] ひざまずく→клечати
клетва	[女] 呪
клети кунем	[不完] 呪う→проклети
клети се кунем	[不完] 誓う→заклети се
клечати -чим	[不完] ひざまずく→клекнути
клешта	[女] ペンチ
клизав	[形] 滑りやすい
клизање	[中] スケート
клизати -жем	[不完] 滑る
клизати се -жем	[不完] 滑る→оклизнути се
клима*	[女] 気候
клин	[男] 楔
клиника	[女] 病院, 診療所
клица	[女] 芽; 細菌, 黴菌
клозет	[男] 便所
клопка	[女] 罠
клуб*	[男] クラブ
клупа*	[女] ベンチ

кљун	[男] くちばし
кључ*	[男] 鍵
кључати -чам	[不完] 沸く, 沸騰する
кнегиња	[女] 公妃
кнез	[男] 公(称号)
књига*	[女] 本, 書物, 図書
књижара*	[女] 本屋, 書店
књижевник	[男] 文学者, 作家
књижевност*	[女] 文学
ко*	[代] 誰
кобасица*	[女] ソーセージ
ковач	[男] 鍛冶屋
коверат*	[男] 封筒
ковчег	[男] 箱, 棺(ひつぎ)
код*	[前] кога/чега 〜の所に, 許に
кожа*	[女] 皮膚, 肌, 皮, 革
коза*	[女] 山羊
козметика	[女] 美容, 化粧品
који*	[代] どの, どちらの, どれ
кокошка*	[女] 鶏(雌)
кола*	[中複] 車, 馬車, 車輛
колац	[男] 杭
колач*	[男] ケーキ, 菓子
колебати се -бам	[不完] 迷う, 動揺する
	→поколебати се
колевка	[女] 揺り籠
колега*	[男] 同僚(男)
колегиница*	[女] 同僚(女)
колектив	[男] 集団
колено*	[中] 膝
колиба	[女] 小屋

колики	[66]

колики	[代] どのくらいの
колико*	[副] いくつ, いくら, どのくらい
количина*	[女] 量
коло	[中] 輪
колона	[女] 列
колонија	[女] 植民地
колор	[形] (不変)カラーの
комад*	[男] 〜個, 片; 塊; 作品
командант	[男] 司令官
командовати -дујем	[完/不完] 指揮する
комарац*	[男] 蚊
комбинација	[女] 組み合わせ
комбиновати -нујем	[完/不完] 組み合わせる
комедија	[女] 喜劇
коментар	[男] 解説
комисија*	[女] 委員会
комитет*	[男] 委員会
компанија	[女] 会社
компјутер	[男] コンピューター
комплет	[男] セット, 一式
комплетан	[形] 揃った
комплетирати -рам	[完/不完] 揃える
комплимент*	[男] 世辞
композитор	[男] 作曲家
композиција	[女] 構図; 作曲
компоновати -нујем	[完/不完] 構成する; 作曲する
компромис	[男] 妥協
комунизам*	[男] 共産主義
комуниста*	[男] 共産主義者
комшија*	[男] 隣, 隣人(男)
комшиница*	[女] 隣, 隣人(女)

конац*	[男]	糸; 終わり
коначан	[形]	最終の
конгрес*	[男]	大会
кондуктер*	[男]	車掌
конзерва*	[女]	缶, 缶詰
конзул*	[男]	領事
конзулат*	[男]	領事館
конкретан	[形]	具体的
конкуренција	[女]	競争
конкурс	[男]	募集, コンクール
конобар	[男]	ボーイ, 給仕
конобарица	[女]	ウエートレス
конопац*	[男]	紐
конопља	[女]	麻
консултација	[女]	相談
консултовати -*тујем*	[不完] кога	相談する
контакт	[男]	連絡, 接触
континент*	[男]	大陸
контраст	[男]	対照
контрола*	[女]	管理, 検査
контролисати -*лишем*	[完/不完]	管理する
конференција	[女]	会議
концентрација	[女]	集中
концепција	[女]	構想
концерт	[男]	コンサート, 音楽会
коњ*	[男]	馬; нилски к— 河馬
копати -*пам*	[不完]	掘る→ископати
копија*	[女]	コピー
копито	[中]	蹄(ひづめ)
копље	[中]	槍
копно	[中]	陸

копча	[女] ホック
кора	[女] 皮, 殻
корак*	[男] 歩み, 一歩, 足音
корачати -чам	[不完] 歩む, 行進する
Кореја	[女] 朝鮮, 韓国
Корејац	[男] 朝鮮人, 韓国人(男)
Корејка	[女] 朝鮮人, 韓国人(女)
корејски	[形] 朝鮮の, 韓国の
корен*	[男] 根, 本
корист	[女] 得, 実用
користан*	[形] 便利な, 有益な
користити* -тим	[不完] 用いる, 役立てる
корица	[女] (複数)鞘, 表紙
кормило	[中] 舵
корњача	[女] 亀
коров	[男] 雑草
корпа*	[女] 籠
кос	[形] 斜めの
коса¹*	[女] 髪
коса²	[女] 鎌
косити -сим	[不完] 刈る→покосити
космос	[男] 宇宙
кост*	[女] 骨
костим	[男] 衣装
котао*	[男] 釜, ボイラー
котлина	[女] 盆地
котрљати -љам	[不完] 転がす
котрљати се -љам	[不完] 転がる
кофа	[女] バケツ
кофер*	[男] トランク
коцка	[女] 立方体, 積み木; 賽子(さいころ), 博打(ばくち)

коцкаст	[形]	四角い
кочити -чим	[不完]	ブレーキをかける, 抑える
кочница	[女]	ブレーキ
кош	[男]	籠
кошарка	[女]	バスケットボール
коштати -там	[不完]	кога 掛かる(費用)
коштица	[女]	種
кошуља*	[女]	シャツ
крава*	[女]	牛(雌), 乳牛
краватa*	[女]	ネクタイ
крагна	[女]	襟
крађа*	[女]	盗み
крај[1]*	[男]	最後, 終わり, 末, 端；地方
крај[2]	[前]	кога/чега ～の側(そば)に
крајњи	[形]	最後の, 極度の
краљ*	[男]	王
краљевина	[女]	王国
краљица*	[女]	女王, 王妃
красан	[形]	美しい
краста	[女]	かさぶた
краставац*	[男]	胡瓜(きゅうり)
красти* крадем	[不完]	盗む→украсти
кратак* <краћи	[形]	短い
кратковид	[形]	近視の
краткорочан	[形]	短期の
краткоћа	[女]	短さ
крв*	[女]	血, 血液
крвав	[形]	血塗(まみ)れの
крварити -рим	[不完]	出血する, 血が出る
кревет*	[男]	ベッド, 寝台
креда	[女]	チョーク, 白墨

кредит	[男] 信用, ローン, クレジット
крем	[男] クリーム
кренути -нем	[完] 動き出す, 向かう→кретати
кренути се -нем	[完] 動く→кретати се
кретање	[中] 動き, 運動
кретати -рећем	[不完] 動き出す, 向かう→кренути
кретати се -рећем	[不完] 動く→кренути се
креч	[男] 石灰
крзно*	[中] 毛皮
крив* <*кривљи*	[形] 曲がった, 歪んだ; 所為だ, 有罪の
кривина	[女] カーブ
кривица	[女] 罪, 過ち
криво	[副] коме 悔しい
криза*	[女] 危機
крик	[男] 叫び, 悲鳴
крикнути -нем	[完] 叫ぶ→кричати
крило*	[中] 翼, 羽; 膝
криминал	[男] 犯罪
кристал	[男] 結晶
крити -ријем	[不完] 隠す→сакрити
крити се -ријем	[不完] 隠れる, 潜む→сакрити се
критика*	[女] 批判, 批評, 評論
критиковати -кујем	[完/不完] 批判する
кричати -чим	[不完] 叫ぶ→крикнути
кришом	[副] こっそり, そっと
кров*	[男] 屋根, 屋上
кроз*	[前] кога/што 〜を通って, 〜の間を
кројач*	[男] 仕立屋
крокодил	[男] 鰐

кромпир*	[男] 芋, 馬鈴薯(じゃがいも)
крпа*	[女] 切れ, 雑巾, 布巾
крпити -*пим*	[不完] 繕う→закрпити
крст*	[男] 十字, 十字架
кртица	[女] 土龍(もぐら)
круг*	[男] 円, 丸, 輪
кружити -*жим*	[不完] 回る, 巡る
круна	[女] 冠, 王冠
крупан*	[形] 大きい
крут <*круħи*	[形] 堅い; 厳格な
крушка*	[女] 梨
крхак	[形] 弱い, 脆い
крчма	[女] 居酒屋
кршити -*шим*	[不完] 犯す, 違反する →прекршити
ħи *ħери*	[女] 娘
кувар	[男] 料理人(男), コック
куварица	[女] 料理人(女)
кувати* -*вам*	[不完] 煮る, 炊く, 沸かす, 料理する→скувати
кугла*	[女] 球(きゅう), 丸
куглас	[形] 丸い
куда*	[副] どこへ, どちらへ
кук	[男] 腰
кукавица	[女] 郭公(かっこう); 臆病者, 卑怯者
кукати -*кам*	[不完] 嘆く
кукуруз*	[男] 玉蜀黍(とうもろこし)
кула*	[女] 塔
култура*	[女] 文化, 教養
кум*	[男] 名親, 仲人(男)
кума*	[女] 名親, 仲人(女)

купање	[72]

купање	[中] 入浴，水浴
купатило*	[中] 風呂，浴室
купати се -пам	[不完] 風呂に入る，入浴する，浴びる→окупати се
купити* -пим	[完] 買う→куповати
куповати* -пујем	[不完] 買う→купити
куповина	[女] 買い物
купус*	[男] キャベツ
курс	[男] コース，針路，方針; 課程
кусур*	[男] 釣銭
кутија*	[女] 箱
кућа*	[女] 家, 住まい; робна к— 百貨店, デパート
кухиња*	[女] 台所
куцати* -цам	[不完] 叩く→куцнути
куцнути* -нем	[完] 叩く→куцати

Л, л

лабав	[形] 緩い
лабуд*	[男] 白鳥
лав*	[男] ライオン，獅子
лавабо	[男] 洗面台
лавина	[女] 雪崩
лавор	[男] 洗面器
лаган	[形] 軽い，緩い，ゆっくりした
лагати* лажем	[不完] 嘘をつく，偽る→слагати

леп

лађа	[女] 船
лаж*	[女] 嘘, 偽り
лажан	[形] 嘘の, 偽りの, 見せ掛けの
лајати -jем	[不完] 吠える
лак	[男] 塗料, 漆
лак* <лакши	[形] 軽い; 易しい, 楽な, 容易い
лакат	[男] 肘
лакоћа	[女] 軽さ; 易しさ
лала	[女] チューリップ
лампа*	[女] スタンド(電気), ランプ
ланац*	[男] 鎖
лане	[副] 去年, 昨年
ласта*	[女] 燕
латица	[女] 花びら
лебдети -дим	[不完] 浮かぶ, 漂う
левак	[男] 漏斗
леви*	[形] 左の
левица	[女] 左手; 左翼
легати лежем	[不完] 寝る, 伏せる→лећи
легенда*	[女] 伝説
лед*	[男] 氷
леден	[形] 氷の, 冷たい
леђа*	[中複] 背, 背中
лежати* -жим	[不完] 寝る(状態), 横たわる
лек*	[男] 薬, 薬品
лекар*	[男] 医者(男)
лекарка*	[女] 医者(女)
лекција	[女] 課(教科書); 教訓
лен* <лењи	[形] 怠け者の, 不精な
лењир	[男] 物差し
леп* <лепши	[形] 美しい, 好い

лепак	[74]

лепак*	[男] 糊
лепеза*	[女] 扇, 扇子
лепити -*пим*	[不完] 貼る→залепити
лепити се -*пим*	[不完] 付く, 張り付く →залепити се; 粘る
лепота*	[女] 美, 美しさ
лепотица	[女] 美人
лептир*	[男] 蝶; ноћни л— 蛾
лет	[男] 飛行
летак	[男] ビラ
летети* -*тим*	[不完] 飛ぶ
летњи	[形] 夏の
лето*	[中] 夏
летовање	[中] 避暑
лећи *легнем*	[完] 寝る, 伏せる→легати
лечити -*чим*	[不完] 治す, 治療する→излечити
леш	[男] 死体
ли	[小] да ли 〜か(疑問); 〜なら(条件)
ливада	[女] 野原, 牧場
лигња	[女] 烏賊
лизати *лижем*	[不完] 舐める→полизати
лик	[男] 像, 人物
лимун*	[男] レモン
линија	[女] 線, 筋; 系統
липа*	[女] 菩提樹
лисица*	[女] 狐
лист*	[男] 葉; 〜枚; 新聞
литар	[男] リットル
литература	[女] 文献
лити *лијем*	[不完] 降り注ぐ, 流れる

лифт*	[男] エレベーター
лице*	[中] 顔; 人, 者; 表, 正面
личан	[女] 個人の
личити -чим	[不完] на кога/што 似る
личност	[女] 人物, 人格, 人柄
лишће*	[中] (集合)葉
лов	[男] 狩り, 猟, 狩猟
ловац	[男] 狩人, 猟師
ловити -вим	[不完] 狩る, 捕る→уловити
логика	[女] 論理
логичан	[形] 論理的
логор	[男] キャンプ, 収容所
ложити -жим	[不完] 焚く→наложити
лоза	[女] 葡萄(木), 蔓
локалан	[形] 地方の, 地域の
локомотива*	[女] 機関車
ломити -мим	[不完] 割る, 折る→поломити
ломљив	[形] 脆い, 割れ易い
лонац*	[男] 鍋, 釜, 壺
лопата*	[女] シャベル
лопов*	[男] 泥棒
лопта*	[女] ボール, 球, 毬
лош*	[形] 悪い, 下手な, 不味い
лубеница	[女] 西瓜
луд*	[形] 気違いの; за ким/чим 夢中の
лук[1]	[男] 弓; 弧
лук[2]*	[男] 葱, 玉葱
лука*	[女] 港
лукав*	[形] 狡い
луксуз	[男] 贅沢
луксузан	[形] 贅沢な

лула	[76]

лула*	[女] パイプ(煙草)
лупа	[女] 虫眼鏡
лупати -*пам*	[不完] 叩く，打つ→лупити
лупити -*пим*	[完] 叩く，打つ→лупати
лутати -*там*	[不完] 迷う→залутати；さ迷う，うろつく
лутка*	[女] 人形
лутрија	[女] 籤(くじ)

Љ, љ

љиљан	[男] 百合
љубав*	[女] 愛，愛情，恋，恋愛；恋人
љубазан*	[形] 親切な
љубазност	[女] 親切
љубити -*бим*	[不完] キスする，接吻する →пољубити
љубичаст	[形] 紫の
љубичица*	[女] 菫(すみれ)
љубомора	[女] 嫉妬，焼餅
љубоморан	[形] 嫉妬深い
људи*	[男複] 人々，人間，男
људски	[形] 人間的
љуљати -*љам*	[不完] 揺する
љуљати се -*љам*	[不完] 揺れる
љуљашка	[女] ブランコ
љуска	[女] 殻

љут*	[形] 怒った; 辛い
љутити се* -тим	[不完] 怒る→наљутити се
љутња	[女] 怒り
љуштити -тим	[不完] むく→ољуштити

M, м

магарац*	[男] 驢馬
магацин	[男] 倉庫
магла*	[女] 霧
магнет	[男] 磁石
мада	[接] 〜けれど
Мађар*	[男] ハンガリー人(男)
Мађарица*	[女] ハンガリー人(女)
Мађарска*	[女] ハンガリー
мађарски*	[形] ハンガリーの
мазати мажем	[不完] 塗る→намазати
мазити -зим	[不完] 可愛がる, 甘やかす →размазити; 撫でる
мај*	[男] 五月
мајица	[女] シャツ
мајка*	[女] 母, 母親
мајмун*	[男] 猿
мајстор*	[男] 親方, 職人, 名人
мак	[男] 罌粟
маказе*	[女複] 鋏
макар	[副] せめて

Македонац		[78]

Македонац*	[男]	マケドニア人(男)
Македонија*	[女]	マケドニア
Македонка*	[女]	マケドニア人(女)
македонски*	[形]	マケドニアの
макета	[女]	模型
мали* <*мањи*	[形]	小さい
малина	[女]	木苺
мало* <*мање*	[副]	少し，ちょっと；少ない
мама	[女]	ママ
мамац	[男]	餌，囮(おとり)
мана	[女]	欠点，短所
манастир*	[男]	修道院
мандарина	[女]	蜜柑
манекен	[男]	モデル(男)
манекенка	[女]	モデル(女)
мантил*	[男]	コート(外套)
мањак	[男]	不足
мањина	[女]	少数
мапа*	[女]	地図
марама*	[女]	スカーフ
марамица*	[女]	ハンカチ
марка*	[女]	切手；銘柄
марксизам*	[男]	マルクス主義
марљив	[形]	勤勉な
Марс	[男]	火星
март*	[男]	三月
марш*	[男]	行進
маршал*	[男]	元帥
маса*	[女]	多量，塊；大衆
маска	[女]	マスク，面，仮面
маслац*	[男]	バター

маслачак	[男]	蒲公英(たんぽぽ)
маслина*	[女]	オリーブ
маст*	[女]	脂, 脂肪
мастило*	[中]	インク
математика*	[女]	数学, 算数
материјал*	[男]	材料; 資料
маћеха	[女]	継母
махати *машем*	[不完]	чим 振る
маховина	[女]	苔
мач*	[男]	刀
мачка*	[女]	猫
машина*	[女]	機械
машна	[女]	リボン; ネクタイ
машта	[女]	空想, 想像
маштати *-там*	[不完]	空想する, 夢見る
мед*	[男]	蜜, 蜂蜜
медаља	[女]	メダル
медвед*	[男]	熊
медицина*	[女]	医学
међа	[女]	境
међу*	[前]	ким/чим ～の間に(場所); кога/што ～の間へ(方向)
међународни*	[形]	国際的
међусобан	[形]	相互の
међутим*	[小]	しかしながら
мек* <мекши	[形]	柔らかい; 優しい
мелодија	[女]	メロディー, 旋律, 節
меморија	[女]	記憶
меница*	[女]	手形
мењати* *-њам*	[不完]	変える→променити

мењати се -њам	[不完] 変わる，変化する →променити се
мењачница*	[女] 両替所
мера*	[女] 寸法；程度；対策，策
мердевине	[女複] 梯子
мерити -рим	[不完] 計る→измерити
Меркур	[男] 水星
мермер*	[男] 大理石
месар	[男] 肉屋(人)
месец*	[男] 月(暦)；M- 月(天体)
месечни*	[形] 月間の，月刊の
месити -сим	[不完] 捏ねる，練る→умесити
месо*	[中] 肉，身
мести метем	[不完] 掃く→помести
место*	[中] 場所，場，所
мета	[女] 的
метак	[男] 弾，弾丸
метал*	[男] 金属，金
метар	[男] メートル
метати мећем	[不完] 置く，載せる，入れる →метнути
метла*	[女] 箒
метнути -нем	[完] 置く，載せる，入れる →метати
метод	[男] 方法
метро*	[男] 地下鉄
мећава	[女] 吹雪
механизам	[男] 仕組み，仕掛け
механичар*	[男] 機械工
мехур	[男] 泡
меч	[男] 試合，対戦

мировати

мешати* -шам	[不完] 混ぜる→помешати; 掻き回す→промешати
мешати се -шам	[不完] 混じる→измешати се; 干渉する→умешати се
ми*	[代] 私たち, 我々
микроскоп	[男] 顕微鏡
микрофон	[男] マイクロホン
милијарда*	[女] 十億
милиметар	[男] ミリ
милион*	[男] 百万; сто м-а 億
милиција*	[女] 警察
мило	[副] коме 嬉しい
милост	[女] 情け, 慈悲
мимо	[前] кога/чега 〜に反して
мина	[女] 地雷
минђуша*	[女] イヤリング
минерал	[男] 鉱物
министар*	[男] 大臣
министарство*	[中] 省
минус	[男] マイナス
минут*	[男] 分
мио	[形] 可愛い
мир*	[男] 平和
миран*	[形] 平和な, 静かな; 大人しい
мирис*	[男] 香り, 匂い; 香水
мирисати -ришем	[不完] 嗅ぐ→помирисати; 香る, 匂う
мирити се -рим	[不完] 仲直りする, 諦める →помирити се
мирно	[副] じっと
мировати -рујем	[不完] 静かにする, じっとする

мисао*	[女]	思想，思い
мисија	[女]	使節，使命
мислити* -лим	[不完]	思う，考える→помислити
мит	[男]	神話
мито	[中]	賄賂(わいろ)
миш*	[男]	鼠
мишић*	[男]	筋肉
мишљење*	[中]	考え，意見
млад* <млађи	[形]	若い，幼い
млада	[女]	花嫁
младић*	[男]	若者，青年
младожења	[男]	花婿
младост	[女]	青春
млак <млачи	[形]	温(ぬる)い
млеко*	[中]	乳，牛乳，ミルク
млети мељем	[不完]	碾(ひ)く→самлети
млин	[男]	碾臼(ひきうす)
многи*	[形]	多くの
много* <више	[副]	多い；沢山，多く，大いに
множење	[中]	掛け算
множина	[女]	複数
множити -жим	[不完]	増やす；掛ける →помножити
множити се -жим	[不完]	増える→помножити се
могућ*	[形]	可能な，ありそうな
могућност	[女]	可能性
мода	[女]	流行，ファッション
модел	[男]	型，模範，モデル
модеран	[形]	モダンな，近代的
модрица	[女]	痣(あざ)
можда*	[副]	あるいは

мозак*	[男] 脳；頭脳
мој*	[代] 私の
мокар*	[形] 濡れた
мокраћа	[女] 尿，小便
молба*	[女] 頼み，願い，依頼；願書
молитва	[女] 祈り
молити* -лим	[不完] 頼む，願う→замолити
молити се -лим	[不完] 祈る，拝む→помолити се
момак	[男] 若者
момент	[男] 瞬間
монопол	[男] 独占
монтажа*	[女] 組立
монтирати* -рам	[完/不完] 組み立てる，取り付ける
морал*	[男] 道徳；士気
морати* -рам	[不完] 〜に違いない(推量)；〜しなければならない(義務)
море*	[中] 海
морнар*	[男] 船員，船乗り
мост*	[男] 橋
мотив	[男] 動機
мотика	[女] 鍬
мотка	[女] 棒，竿
мотор*	[男] モーター，エンジン
мотоцикл	[男] オートバイ
мотрити -рим	[不完] 見張る
моћ	[女] 力，権力
моћан	[形] 有力な，強力な
моћи* могу	[不完] できる(可能)，〜してよい(許可)
мочвара	[女] 沼，湿地
мрав*	[男] 蟻

мраз*	[男] 寒さ(零下)；霜
мрак	[男] 闇, 暗闇
мрачан	[形] 暗い
мрдати -дам	[不完] 動く→мрднути
мрднути -нем	[完] 動く→мрдати
мрежа*	[女] 網
мржња	[女] 憎しみ, 憎悪
мрзети -зим	[不完] 憎む, 嫌う；憎い, 嫌いだ
мрља	[女] 染み, むら, 汚れ
мрмљати -љам	[不完] 呟く
мртав*	[形] 死んだ
мртвац	[男] 死者
мршав	[形] 痩せた, 貧弱な
мува*	[女] 蠅
мудар	[形] 賢い, 賢明な
мудрост	[女] 知恵
муж*	[男] 夫
мужјак	[男] 雄
музеј*	[男] 博物館
музика*	[女] 音楽
мука*	[女] 苦しみ, 悩み, 苦痛, 苦労
муња	[女] 稲妻
муслиман	[男] イスラム教徒； M− モスレム人(男)
муслиманка	[女] M− モスレム人(女)
мутан	[形] 濁った, ぼんやりした
мутити се -тим	[不完] 濁る→замутити се
муцати -цам	[不完] 吃る
мучити -чим	[不完] 苦しめる, 悩ます →намучити

мучити се -чим	[不完]	苦しむ, 悩む, 苦労する →намучити се
мушкарац*	[男]	男, 男性
мушки*	[形]	男の
муштерија*	[男/女]	客(顧客)

Н, н

на*	[前]	кога/што ～へ, ～の上へ(方向); коме/чему ～に, で, ～の上に(場所)
набавити -вим	[完]	購入する, 仕入れる, 入手する→набављати
набавка	[女]	購入, 仕入
набављати -љам	[不完]	購入する, 仕入れる, 入手する→набавити
набрајати -јам	[不完]	数え上げる→набројати
набројати -јим	[完]	数え上げる→набрајати
навала	[女]	攻撃
навалити -лим	[完]	襲う, 迫る →наваљивати
наваљивати -љујем	[不完]	襲う, 迫る →навалити
навијати -јам	[不完]	巻く→навити; за кога/што 応援する
навијач	[男]	ファン
навика*	[女]	習慣, 癖

навикавати се	[86]

навикавати се -*вам*	[不完] на кога/што 慣れる →навићи се
навити -*вијем*	[完] 巻く→навијати
навићи се -*викнем*	[完] на кога/што 慣れる →навикавати се
навратити -*тим*	[完] 立ち寄る→навраћати
навраћати -*ћам*	[不完] 立ち寄る→навратити
наг	[形] 裸の
нагађати -*ђам*	[不完] 推測する
нагазити -*зим*	[完] 踏む→газити
нагао	[形] 急な, 急激な
нагиб	[男] 傾き, 傾斜
нагињати -*њем*	[不完] 傾ける→нагнути
нагињати се -*њем*	[不完] 傾く→нагнути се
нагласак	[男] アクセント, 強調
нагласити -*сим*	[完] 強調する→наглашавати
наглашавати -*вам*	[不完] 強調する→нагласити
нагнути -*нем*	[完] 傾ける→нагињати
нагнути се -*нем*	[完] 傾く→нагињати се
наговарати -*рам*	[不完] 説得する→наговорити
наговештај	[男] 兆し, 兆候
наговорити -*рим*	[完] 説得する→наговарати
нагомилати -*лам*	[完] 積む, 溜める→гомилати
нагомилати се -*лам*	[完] 積もる, 溜まる→гомилати се
нагон	[男] 本能
нагоре	[副] 上へ
награда*	[女] 賞, 褒美, 報酬
наградити -*дим*	[完] 表彰する, 報いる →награђивати
награђивати -*ђујем*	[不完] 表彰する, 報いる →наградити

над	[前]	ким/чим～ の上に(場所); кога/што ～の上へ(方向)
нада*	[女]	望み, 希望
надати се* -дам	[不完]	望む, 希望する
надимак	[男]	あだ名
надмоћан	[形]	優勢な
надница	[女]	賃金
надокнадити -дим	[完]	償う, 補う→надокнађивати
надокнађивати -ђујем	[不完]	償う, 補う→надокнадити
надоле	[副]	下へ
назад*	[副]	後ろへ
назадовати -дујем	[不完]	下がる, 後退する
назвати -зовем	[完]	呼ぶ, 名付ける→називати
наздравити -вим	[完]	乾杯する→наздрављати
наздрављати -љам	[不完]	乾杯する→наздравити
назеб	[男]	風邪
назив*	[男]	呼び名, 名称
називати -вам	[不完]	呼ぶ, 名付ける→назвати
наиван	[形]	素朴な, 純情な; 間抜けな
наилазити -зим	[不完]	на кога/што 出会う →наићи
наиме	[小]	即ち
наименовати -нујем	[完]	任命する→именовати
наићи наиђем	[完]	на кога/што 出会う →наилазити
најава	[女]	予告
најавити -вим	[完]	予告する→најављивати
најављивати -љујем	[不完]	予告する→најавити
највише	[副]	一番, 最も
најзад*	[副]	とうとう, 遂に, いよいよ
најпре	[副]	先ず

накит*	[男] 宝石，アクセサリー
након	[前] кога/чега ～の後(のち)に
налагати -лажем	[不完] 指示する，命じる →наложити
налазити* -зим	[不完] 見付ける，拾う→наћи
налазити се* -зим	[不完] 居る，在る→наћи се
налив-перо	[中] 万年筆
наличје	[中] 裏
налог	[男] 指示，命令
наложити[1] -жим	[完] 指示する，命じる →налагати
наложити[2] -жим	[完] 焚く→ложити
наљутити се* -тим	[完] 怒る→љутити се
намазати -мажем	[完] 塗る→мазати
намена	[女] 用途，目的
наменити -ним	[完] 充てる→намењивати
намењивати -њујем	[不完] 充てる→наменити
намера*	[女] 意図，意思，積り
намеравати -вам	[不完] 意図する，積りだ
намерно	[副] わざと
наместити -тим	[完] 置く，整える；家具を入れる →намештати
наметати -мећем	[不完] 押し付ける→наметнути
наметнути -нем	[完] 押し付ける→наметати
намештај*	[男] 家具
намештати -там	[不完] 置く，整える；家具を入れる →наместити
намирнице	[女複] 食料品
намучити -чим	[完] 苦しい；苦しめる，悩ます →мучити

напротив

намучити се -*чим*	[完] 苦しむ，悩む，苦労する →мучити се
наопако	[副] 逆さまに
наочаре*	[女複] 眼鏡
наоштрити -*рим*	[完] 研ぐ，削る→оштрити
напад*	[男] 攻撃，発作
нападати* -*дам*	[不完] 攻める，攻撃する，襲う →напасти
напасти* -*паднем*	[完] 攻める，攻撃する，襲う →нападати
напетост	[女] 緊張
напијати се -*јам*	[不完] 酔う→напити се
написати* -*пишем*	[完] 書く→писати
напити се -*пијем*	[完] 酔う→напијати се
наплатити -*тим*	[完] 請求する→наплаћивати
наплаћивати -*ћујем*	[不完] 請求する→наплатити
напојница	[女] チップ
напоље*	[副] 外へ
напољу*	[副] 外に
напомена	[女] 注
напоменути -*нем*	[完] 指摘する→напомињати
напомињати -*њам*	[不完] 指摘する→напоменути
напон	[男] 電圧
напор	[男] 努力，骨折り
напоран	[形] 辛い，きつい
направити* -*вим*	[完] する，作る→правити
напред*	[副] 前へ，先へ
напредак	[男] 進歩
напредан	[形] 進んだ，進歩的
напредовати -*дујем*	[不完] 進む，進歩する
напротив	[副] 反対に，ところが

напунити	[90]

напунити -ним	[完] 満たす, 詰める→пунити
напунити се -ним	[完] 満ちる→пунити се
напустити -тим	[完] 離れる, 捨てる, 見捨てる →напуштати
напуштати -там	[不完] 離れる, 捨てる, 見捨てる →напустити
нарав	[女] 気質
наравно*	[副] 勿論, 当然
наредба	[女] 命令
наредити -дим	[完] 命じる, 命令する →наређивати
наређивати -ђујем	[不完] 命じる, 命令する →наредити
народ*	[男] 民族, 国民, 人民, 庶民
народност*	[女] 民族
нарочито*	[副] 特に, 殊に, とりわけ
наруквица	[女] 腕輪
наручивати -чујем	[不完] 注文する→наручити
наручити -чим	[完] 注文する→наручивати
наруџбина	[女] 注文
нарушавати -вам	[不完] 乱す, 破る→нарушити
нарушити -шим	[完] 乱す, 破る→нарушавати
нарцис	[男] 水仙
населити се -лим	[完] 住み着く→насељавати се
насељавати се -вам	[不完] 住み着く→населити се
насеље	[中] 村落, 団地
насиље	[中] 暴力
насип	[男] 土手, 堤
наслањати -њам	[不完] 立て掛ける→наслонити
наслањати се -њам	[不完] 寄り掛かる→наслонити се
наследити -дим	[完] 継ぐ, 相続する→наслеђивати

натпис

наследник	[男] 相続人(男)
наследница	[女] 相続人(女)
наслеђе	[中] 遺産
наслеђивати -ђујем	[不完] 継ぐ, 相続する→наследити
насликати -кам	[完] 画く, 描く→сликати
наслов*	[男] 題, 題名, 見出し
наслонити -ним	[完] 立て掛ける→наслањати
наслонити се -ним	[完] 寄り掛かる→наслањати се
наслутити -тим	[完] 予感する→слутити
насмејати се* -јам	[完] 笑う→смејати се
настава	[女] 授業
наставак	[男] 続き
наставити* -вим	[完] 続ける→настављати
наставити се -вим	[完] 続く→настављати се
настављати* -љам	[不完] 続ける→наставити
настављати се -љам	[不完] 続く→наставити се
наставник*	[男] 教師, 教員, 先生(男)
наставница*	[女] 教師, 教員, 先生(女)
настајати -јем	[不完] 生じる, 発生する→настати
настанак	[男] 発生
настати -станем	[完] 生じる, 発生する→настајати
настојати* -јим	[不完] 努める, 努力する
наступ	[男] 登場
наступати -пам	[不完] 始まる; 登場する →наступити
наступити -пим	[完] 始まる; 登場する →наступати
насупрот	[前] коме/чему 〜に反して
натерати -рам	[完] 追い込む, させる(強制) →терати
натпис	[男] 銘, 看板

натраг	[92]

натраг*	[副] 後ろへ
наћи* *нађем*	[完] 見付ける, 拾う→налазити
наћи се* *нађем*	[完] 居る, 在る→налазити се
наука*	[女] 科学, 学問
научити* *-чим*	[完] 教える; 覚える→учити
научник*	[男] 科学者, 学者
нафта*	[女] 石油
нација	[女] 国民
национализам*	[男] 民族主義
нацрт	[男] 下書き, 草案
нацртати* *-там*	[完] 画く, 描く→цртати
начелан	[形] 原則的
начело	[中] 原則
начин*	[男] 方法, やり方, 仕方
наш*	[代] 私たちの
нашалити се *-лим*	[完] 冗談を言う, ふざける →шалити се
не*	[小] いいえ; 〜ない(否定)
небо*	[中] 空, 天
невеста	[女] 花嫁
невин	[形] 無罪の, 無邪気な
невоља	[女] 災い, 面倒
нега	[女] 看護, 世話
негативан	[形] 否定的, 消極的
негација	[女] 否定
негде*	[副] どこか
негирати *-рам*	[不完] 否定する
него*	[接] むしろ; 〜より(比較)
неговати *-гујем*	[不完] 看護する, 育む
недавно*	[副] 先だって, 近頃
недеља*	[女] 日曜日; 週

нем

недељни*	[形]	週間の，週刊の
недељник	[男]	週刊誌
недовољан	[形]	不十分な
недостајати -jem	[不完]	欠く，不足する，足りない
недостатак	[男]	不足，欠点
недра	[中複]	懐，胸
нежан*	[形]	優しい，弱い，柔らかい
независан	[形]	独立の
независност*	[女]	独立
незадовољан	[形]	不満な
незадовољство	[中]	不満
незаинтересован	[形]	無関心な
незанимљив	[形]	つまらない
незапосленост	[女]	失業
незгода	[女]	事故
незгодан*	[形]	厄介な；不便な
незгодно	[副]	коме 困る
незнање	[中]	無知
незнатан	[形]	僅かな
нејасан	[形]	不明な，曖昧な，微かな
нека	[小]	(間接命令)させる
некада*	[副]	いつか，嘗て
некадашњи	[形]	いつかの，嘗ての
некакав	[代]	何かの
некако	[副]	どうにか，何とか
неки*	[代]	或る；多少の
неко*	[代]	誰か
неколико*	[副]	いくつか，いくらか
некуда	[副]	どこかへ
нељубазан	[形]	不親切な
нем	[形]	唖の，無言の

немати -*мам*	[不完] 持たない, 無い(所有/属性); (三人称単数) кога/чега 無い, 居ない
Немац*	[男] ドイツ人(男)
Немачка*	[女] ドイツ
немачки*	[形] ドイツの
неминован	[形] 不可避の
немир	[男] 不安; (複数) 騒動
немиран	[形] 不安な, 落ち着かない
Немица*	[女] ドイツ人(女)
немогућ	[形] 無理な, 不可能な
немој *немојмо немојте*	[小] ～するな(禁止)
немоћан	[形] 無力な
необичан	[形] 変な, 異常な, 珍しい
неограничен	[形] 限りない, 無限の
неодговоран	[形] 無責任な
неодређен	[形] 不定の
неожењен	[形] 未婚の(男)
неозбиљан	[形] 不真面目な
неопрезан	[形] 不注意な
неопходан*	[形] 不可欠の, 必要な
неочекиван	[形] 意外な, 思いがけない
непар	[男] 奇数
неповољан	[形] 不利な
непогода	[女] 災害
неподношљив	[形] たまらない, 耐え難い
непознат	[形] 未知の, 無名の, 不明の
непосредан*	[形] 直接の
непотребан	[形] 不必要な, 余分な
непоуздан	[形] 頼りない
неправда	[女] 不正

неправедан	[形] 不公平な, 不正な
непрекидно	[副] 絶えず
непрестано	[副] 絶えず, 頻りに
непријатан	[形] 不快な, 不愉快な, 嫌な
непријатељ*	[男] 敵
непристојан	[形] 厭らしい, 下品な
Нептун	[男] 海王星
нераван	[形] でこぼこの
нерв	[男] 神経
нервирати се -*рам*	[完/不完] いらいらする
нервозан	[形] 神経質な, いらいらした
неред	[男] 混乱, 騒動
несвест	[女] 無意識
несвестан	[形] 無意識の
несврстаност*	[女] 非同盟
несигуран	[形] 不確かな, 心細い
неспоразум*	[男] 誤解
неспособан	[形] 無能な
неспретан	[形] 不器用な, 下手な
несрећа*	[女] 不仕合せ, 不幸, 不運; 事故, 災難
несрећан*	[形] 不幸な, 不運な
нестајати -*јем*	[不完] 無くなる→нестати
нестати -*станем*	[完] 無くなる→нестајати
несташан	[形] 悪戯な, 腕白な
несташица	[女] 不足
нестрпљив	[形] 気短な
нећак*	[男] 甥
нећака*	[女] 姪
неугодан	[形] 不快な, 気まずい
неудата	[形] 未婚の(女)

неукусан	[形]	不味い
неуредан	[形]	だらしない
неуспех*	[男]	失敗
неутралан	[形]	中立の
нечији	[代]	誰かの
нешто*	[代]	何か
	[副]	いくらか，やや
ни	[接]	〜も(否定)
ниво	[男]	水準
нигде*	[副]	どこも(否定)
низ[1]	[男]	並び，列；一連
низ[2]	[前]	кога/што 〜を下って
низак* <*нижи*	[形]	低い
низбрдица	[女]	坂(下り坂)
нијанса	[女]	ニュアンス
нијeдан	[代]	一つも(否定)
никада*	[副]	決して，一度も(否定)
никакав	[代]	どんな(否定)
никако	[副]	決して，なかなか，一向に，とても(否定)
никл	[男]	ニッケル
нико*	[代]	誰も，一人も(否定)
никуда	[副]	どこへも(否定)
нимало	[副]	少しも，さっぱり(否定)
нит	[女]	糸
нити	[接]	〜も(否定)
нићи *никнем*	[完]	生える→ницати
ницати *ничем*	[不完]	生える→нићи
ничији	[代]	誰の(否定)
ништа*	[代]	何も(否定)；ゼロ
но	[接]	しかし；〜より(比較)

нов*	[形] 新しい，新たな
новац*	[男] 金，金銭，貨幣
новембар*	[男] 十一月
новинар*	[男] 新聞記者
новине*	[女複] 新聞
новост	[女] ニュース
новчаник*	[男] 財布
новчаница	[女] 札，紙幣
нога*	[女] 足
нож*	[男] ナイフ，小刀，庖丁
ној	[男] 駝鳥
нокат*	[男] 爪
нормалан	[形] 正常な
нос*	[男] 鼻
носити* -сим	[不完] 運ぶ，担ぐ，持って行く →понети; 着る(状態)
нота	[女] 音符，楽譜
ноћ*	[女] 夜
ноћас	[副] 今夜，昨夜
ноћашњи	[形] 今夜の，昨夜の
ноћити -ћим	[不完] 泊まる→преноћити
ноћни	[形] 夜の
ноћу	[副] 夜に
ношња*	[女] 衣装
нудити -дим	[不完] 申し出る，提供する，供給する→понудити
нужан	[形] 必然の，必要な
нуклеаран	[形] 核の，原子力の
нула*	[女] ゼロ，零
нулти	[形] ゼロの

Њ, њ

његов*	[代] 彼の
њен*	[代] 彼女の
њива*	[女] 畑
њихов*	[代] 彼らの, 彼女らの
њух*	[男] 嗅覚; 勘
њушити -*шим*	[不完] 嗅ぐ→оњушити

О, о

о*	[前] коме/чему ～について, 関して
оба	[数] 両方, どちらも
обавеза*	[女] 義務
обавезан	[形] 義務の
обавестити* -*тим*	[完] кога 知らせる, 通知する →обавештавати
обавештавати* -*вам*	[不完] кога 知らせる, 通知する →обавестити
обавештење	[中] 知らせ, 通知
обавити -*вим*	[完] 行う→обављати

обављати -љам	[不完] 行う→обавити
обала*	[女] 岸
обарати -рам	[不完] 倒す→оборити
обарити -рим	[完] 茹でる→барити
обданиште	[中] 幼稚園
обезбедити -дим	[完] 確保する, 保障する →обезбеђивати
обезбеђивати -ђујем	[不完] 確保する, 保障する →обезбедити
обележавати -вам	[不完] 印す, 記念する →обележити
обележити -жим	[完] 印す, 記念する →обележавати
обележје	[中] 印, 特徴
обесити -сим	[完] 吊るす, 掛ける→вешати
обећавати* -вам	[不完] 約束する→обећати
обећање	[中] 約束
обећати* -ћам	[完] 約束する→обећавати
обзир	[男] 考慮, 配慮, 思い遣り
обилазак	[男] 巡回
обилазити -зим	[不完] 回る, 巡回する→обићи
обилан	[形] 多量の, 夥しい, 豊富な
обиловати -лујем	[不完] 富む
обиље	[中] 多量, 豊富
обим	[男] 量, 分量
обиман	[形] 大量の, 豊かな
обићи -биђем	[完] 回る, 巡回する→обилазити
обичај*	[男] 習慣
обичан*	[形] 普通の, ただの, ありふれた
обично	[副] 普通
објавити -вим	[完] 発表する→објављивати

објављивати	
објављивати -љујем	[不完] 発表する→објавити
објаснити* -ним	[完] 説明する→објашњавати
објашњавати* -вам	[不完] 説明する→објаснити
објашњење	[中] 説明
објект	[男] 対象; 施設
објективан*	[形] 客観的
облак*	[男] 雲
област*	[女] 分野, 地域, 地区
облачан	[形] 曇りの
облачити -чим	[不完] 着せる; 着る, 履く→обући
облачити се* -чим	[不完] 着る→обући се
облик*	[男] 形, 格好
обмана	[女] 欺瞞
обнављати -љам	[不完] 再建する, 再開する →обновити
обнова	[女] 再建, 再開, 復興
обновити -вим	[完] 再建する, 再開する →обнављати
обожавати -вам	[不完] 崇拝する
обоје	[数] 二人, 両者(男女)
обојити -јим	[完] 塗る, 染める→бојити
обојица	[女] 二人, 両者(男)
оборити -рим	[完] 倒す→обарати
обрада	[女] 耕作, 加工
обрадити -дим	[完] 耕作する, 加工する →обрађивати
обрадовати се* -дујем	[不完] 喜ぶ→радовати се
обрађивати -ђујем	[不完] 耕作する, 加工する →обрадити
образ*	[男] 頬; 面目
образац	[男] 手本; 書式

образовање*	[中] 教育, 教養
образовати -зујем	[不完] 教育する; 形成する
обратан	[形] 逆の
обратно*	[副] 逆に
обрачун	[男] 決算
обрва	[女] 眉毛
обред	[男] 儀式
обријати -јам	[完] 剃る→бријати
обрисати* -ришем	[完] 拭く→брисати
обрнут	[形] 逆の
оброк	[男] 食事
обрукати се -кам	[完] 恥をかく→брукати се
обувати -вам	[不完] 履く(履物)→обути
обука	[女] 訓練
обути -бујем	[完] 履く(履物)→обувати
обућа*	[女] 履物
обући -бучем	[完] 着せる; 着る, 履く→облачити
обући се* -бучем	[完] 着る→облачити се
обухватати -там	[不完] 含む, 囲む, 抱える→обухватити
обухватити -тим	[完] 含む, 囲む, 抱える→обухватати
обучавати -вам	[不完] 教える, 訓練する→обучити
обучити -чим	[完] 教える, 訓練する→обучавати
овај*	[代] この
оволики*	[代] このような, こんな
овако*	[副] このように, こう
овамо*	[副] こちらへ
ован	[男] 羊(雄)

овдашњи	[102]

овдашњи	[形] ここの
овде*	[副] ここ
ово*	[代] これ
оволики	[形] これほどの
оволико	[副] これほど, こんなに
овуда	[副] こちらへ
овца*	[女] 羊
огањ	[男] 火
оглас*	[男] 広告
огледало*	[中] 鏡
огњиште	[中] 竈, 炉
ограда	[女] 囲い, 柵, 塀, 垣根
оградити -дим	[完] 囲う→ограђивати
ограђивати -ђујем	[不完] 囲う→оградити
ограничавати -вам	[不完] 限る, 制限する →ограничити
ограничити -чим	[完] 限る, 制限する →ограничавати
огрев	[男] 燃料
огрејати -јем	[完] 暖める→грејати
огрејати се -јем	[完] 暖まる→грејати се
огрепсти -ребем	[完] 引っ掻く→грепсти
огрлица*	[女] 首飾り, ネックレス, 首輪
огроман*	[形] 巨大な, 莫大な
огулити -лим	[完] むく, 剥がす→гулити
од*	[前] кога/чега ～から(起点), より(比較), ～の(材料)
одавде*	[副] ここから
одавно	[副] とっくに, 前から
одазвати се -зовем	[完] 応じる→одазивати се
одазивати се -вам	[不完] 応じる→одазвати се

одвратан

одакле*	[副] どこから
одан	[形] 忠実な
оданде	[副] あそこから
одатле	[副] そこから
одбацивати -цујем	[不完] 退ける→одбацити
одбацити -цим	[完] 退ける→одбацивати
одбијати -јам	[不完] 弾く; 拒む, 拒否する, 断る; 差し引く→одбити
одбијати се -јам	[不完] 跳ね返る→одбити се
одбити -бијем	[完] 弾く; 拒む, 拒否する, 断る; 差し引く→одбијати
одбити се -бијем	[完] 跳ね返る→одбијати се
одбојка	[女] バレーボール
одбор*	[男] 委員会
одборник	[男] 議員(地方議会)
одбрана*	[女] 防衛, 守備
одбранити -ним	[完] 守る, 防ぐ→бранити
одвајати -јам	[不完] 切り離す, 分離する, 選り分ける→одвојити
одвајати се -јам	[不完] 分かれる→одвојити се
одвезати -вежем	[完] ほどく→одвезивати
одвезати се -вежем	[完] ほどける→одвезивати се
одвезивати -зујем	[不完] ほどく→одвезати
одвезивати се -зујем	[不完] ほどける→одвезати се
одвести -ведем	[完] 連れて行く→одводити
одводити -дим	[不完] 連れて行く→одвести
одвојити -јим	[完] 切り離す, 分離する, 選り分ける→одвајати
одвојити се -јим	[完] 分かれる→одвајати се
одвратан	[形] 嫌な, 憎い

одгајити	[104]	

одгајити -јим	[完] 育てる, 飼う, 栽培する →гајити	
одговарајући	[形] 合った, 適当な, 相応しい	
одговарати* -рам	[不完] 答える, 返事する →одговорити; 合う, 適する; 責任を負う	
одговор*	[男] 答え, 返事, 回答	
одговоран	[形] 責任がある	
одговорити* -рим	[完] 答える, 返事する →одговарати	
одговорност*	[女] 責任	
одело*	[中] 背広, スーツ	
одељење*	[中] 局, 学級, 組, クラス	
одећа*	[女] 衣服, 着物	
одиграти -рам	[完] 踊る, 演じる, 試合をする →играти	
одједном	[副] 俄に, いきなり, 一度に	
одјек	[男] 響き, 反響, 木霊	
одјекивати -кујем	[不完] 鳴る, 響く, 反響する →одјекнути	
одјекнути -нем	[完] 鳴る, 響く, 反響する →одјекивати	
одлагати -лажем	[不完] 延ばす, 延期する →одложити	
одлагати се -лажем	[不完] 延びる→одложити се	
одлазак	[男] 出発	
одлазити* -зим	[不完] 行く, 去る, 出発する →отићи	
одлетати -лећем	[不完] 飛び去る, 吹き飛ぶ →одлетити	

одлетити -тим	[完] 飛び去る，吹き飛ぶ →одлетати
одлика	[女] 特色
одликовање	[中] 勲章
одличан*	[形] 優れた，優秀な，素晴らしい
одложити -жим	[完] 延ばす，延期する→одлагати
одложити се -жим	[完] 延びる→одлагати се
одлука*	[女] 決定
одлучивати* -чујем	[不完] 決める，決定する →одлучити
одлучивати се -чујем	[不完] 決心する→одлучити се
одлучити* -чим	[完] 決める，決定する →одлучивати
одлучити се -чим	[完] 決心する→одлучивати се
одмарати -рам	[不完] 休める→одморити
одмарати се* -рам	[不完] 休む，休憩する →одморити се
одмах*	[副] 直ぐ，直ちに，早速
одмор*	[男] 休み，休憩，休暇
одморити -рим	[完] 休める→одмарати
одморити се* -рим	[完] 休む，休憩する →одмарати се
однети -несем	[完] 持ち去る→односити
однос*	[男] 関係，仲；比
односити -сим	[不完] 持ち去る→однети
односити се -сим	[不完] на кога/што 関係する
односно	[小] 即ち，もしくは
одобравати -вам	[不完] 承認する，許可する →одобрити
одобрити -рим	[完] 承認する，許可する →одобравати

одозго*	[副] 上から
одоздо*	[副] 下から
одражавати -*вам*	[不完] 映す，反射する→одразити
одражавати се -*вам*	[不完] 映る→одразити се
одраз	[男] 反映，反射
одразити -*зим*	[完] 映す，反射する→одражавати
одразити се -*зим*	[完] 映る→одражавати се
одрастао	[形] 大人の
одред	[男] 隊
одредба	[女] 規定
одредити -*дим*	[完] 定める，規定する，指定する →одређивати
одређен	[形] 一定の，特定の
одређивати -*ђујем*	[不完] 定める，規定する，指定する →одредити
одрећи -*рекнем*	[完] 否定する→одрицати
одрећи се -*рекнем*	[完] кога/чега 放棄する →одрицати се
одржавати -*вам*	[不完] 保つ，維持する；開催する →одржати
одржати -*жим*	[完] 保つ，維持する；開催する →одржавати
одрицати -*ричем*	[完] 否定する→одрећи
одрицати се -*ричем*	[不完] кога/чега 放棄する →одрећи се
одсада	[副] 今から，今後，これから
одсвирати -*рам*	[完] 弾く，演奏する→свирати
одсек	[男] 課；学科
одсто	[副] パーセント
одстојање	[中] 隔たり，間隔

оквир

одступати -*пам*	[不完] 退く, 後退する →одступити
одступити -*пим*	[完] 退く, 後退する→одступати
одсуство	[中] 不在, 留守, 欠席; 休暇
одсуствовати -*твујем*	[不完] 欠席する
одсутан	[形] 不在の, 留守の
одувек	[副] 昔から
одузети -*змем*	[完] 取り上げる, 奪う, 引く →одузимати
одузимање	[中] 引き算
одузимати -*мам*	[不完] 取り上げる, 奪う, 引く →одузети
одустајати -*јем*	[不完] よす, 止める, 諦める →одустати
одустати -*танем*	[完] よす, 止める, 諦める →одустајати
одушевити се -*вим*	[完] 感激する→одушевљавати се
одушевљавати се -*вам*	[不完] 感激する→одушевити се
одштета	[女] 補償
оженити се -*ним*	[完] 結婚する(男)→женити се
ожењен*	[形] 既婚の(男)
озбиљан*	[形] 真面目な; 重大な, 大変な
оздравити -*вим*	[完] 元気になる→оздрављати
оздрављати -*љам*	[不完] 元気になる→оздравити
ознака*	[女] 印, 標識
означавати -*вам*	[不完] 示す→означити
означити -*чим*	[完] 示す→означавати
ознојити се -*јим*	[完] 汗をかく→знојити се
ојачати -*чам*	[完] 強まる; 強める→јачати
окачити -*чим*	[完] 掛ける→качити
оквир*	[男] 枠, (複数)範囲

океан*	[男] 太洋, 海
оклевати -вам	[不完] ためらう
оклеветати -већем	[完] 中傷する→клеветати
оклизнути се -нем	[完] 滑る→клизати се
оклоп	[男] 鎧
око¹* очи	[中] 目
око²*	[前] кога/чега ～の周りに, 辺りに; 約, ～くらい, 頃
оковратник	[男] 襟
околина	[女] 付近, 周囲, 環境
околност	[女] (複数)事情, 状況
около	[副] 周りに, 辺りに
окренути -нем	[完] 回す; 向ける→окретати
окренути се -нем	[完] 回る; 向く, 振り向く →окретати се
окретати -рећем	[不完] 回す; 向ける→окренути
окретати се -рећем	[不完] 回る; 向く, 振り向く →окренути се
округао*	[形] 円い
окруживати -жујем	[不完] 囲む, 取り巻く→окружити
окружити -жим	[完] 囲む, 取り巻く→окруживати
окрутан	[形] むごい, 残酷な
октобар*	[男] 十月
окупати се -пам	[完] 風呂に入る, 入浴する, 浴びる→купати се
окупација	[女] 占領
окупирати -рам	[完/不完] 占領する
окупити -пим	[完] 集める→окупљати
окупити се -пим	[完] 集まる→окупљати се
окупљати -љам	[不完] 集める→окупити
окупљати се -љам	[不完] 集まる→окупити се

олимпијада	[女]	オリンピック
оловка*	[女]	鉛筆; хемијска о— ボールペン
олово*	[中]	鉛
олуја*	[女]	嵐
олук	[男]	樋(とい)
ољуштити -тим	[完]	むく→љуштити
omести -метем	[完]	妨げる, 妨害する→ометати
ометати -там	[不完]	妨げる, 妨害する→омести
омиљен	[形]	好きな, 得意の; 人気の
омладина*	[女]	青年(総称)
омогућавати -вам	[不完]	可能にする→омогућити
омогућити -ћим	[完]	可能にする→омогућавати
он*	[代]	彼
она*	[代]	彼女
онај*	[代]	あの
онакав	[代]	あのような, あんな
онако	[副]	あのように, ああ
онамо	[副]	あちらへ
онда*	[副]	あの時; それから, それでは
оне*	[代]	彼女ら
они*	[代]	彼ら
оно*	[代]	あれ
оnолики	[形]	あれほどの
онолико	[副]	あれほど, あんなに
оњушити -шим	[完]	嗅ぐ→њушити
опадати -дам	[不完]	落ちる, 散る→опасти
опажати -жам	[不完]	気付く→опазити
опазити -зим	[完]	気付く→опажати
опасан*	[形]	危ない, 危険な
опасност	[女]	危険
опасти -паднем	[完]	落ちる, 散る→опадати

опекотина	[女] 火傷(やけど)
опера*	[女] オペラ，歌劇
операција*	[女] 手術；作戦
оперисати -ришем	[完/不完] 手術する
опет*	[副] また，再び
опис	[男] 描写，記述
описати -пишем	[完] 描写する，記述する →описивати
описивати -сујем	[不完] 描写する，記述する →описати
опклада	[女] 賭け
опколити -лим	[完] 包囲する→опкољавати
опкољавати -вам	[不完] 包囲する→опколити
опљачкати -кам	[完] 略奪する→пљачкати
опозиција	[女] 野党
опомена	[女] 注意
опоменути -нем	[完] 注意する→опомињати
опомињати -њам	[不完] 注意する→опоменути
опонашати -шам	[不完] 真似る
опоравак	[男] 回復
опоравити се -вим	[完] 治る，回復する →опорављати се
опорављати се -љам	[不完] 治る，回復する →опоравити се
оправдан	[形] 正当な
опрати* -перем	[完] 洗う，洗濯する→прати
опраштати -там	[不完] 赦す→опростити
опраштати се -там	[不完] 別れる→опростити се
опрезан	[形] 用心深い，慎重な
опрема*	[女] 装備，設備
опростити -тим	[完] 赦す→опраштати

опростити се -*тим*	[完] 別れる→опраштати се
опроштај	[男] 別れ；赦し
опруга	[女] ばね
опсовати -*сујем*	[完] 罵る→псовати
опстајати -*тојим*	[不完] 生き残る→опстати
опстанак	[男] 生存
опстати -*танем*	[完] 生き残る→опстајати
оптужба	[女] 非難，告発
оптуживати -*жујем*	[不完] 非難する，告発する →оптужити
оптужити -*жим*	[完] 非難する，告発する →оптуживати
опустити се -*тим*	[完] くつろぐ→опуштати се
опуштати се -*там*	[不完] くつろぐ→опустити се
опширан	[形] 詳しい
општи*	[形] 一般の，全体の
општина*	[女] 市，区，役所
орао*	[男] 鷲
орати -*рем*	[不完] 耕す
орах*	[男] 胡桃
орган*	[男] 器官
организам	[男] 生物
организација*	[女] 組織，団体，機構
организовати -*зујем*	[完/不完] 組織する，主催する
оргуље	[女複] オルガン
орден	[男] 勲章
оригинал	[男] 原作，本物
оркестар	[男] オーケストラ
орман*	[男] 戸棚，箪笥
оруђе	[中] 道具
оружје*	[中] 武器，兵器

oca	[女] 蜂
осам*	[数] 八，八つ
осамдесет*	[数] 八十
осамнаест*	[数] 十八
осамсто*	[数] 八百
освајати -јам	[不完] 征服する，獲得する →освојити
освета	[女] 復讐
освојити -јим	[完] 征服する，獲得する →освајати
осврнути се -нем	[完] 振り返る→освртати се
освртати се -врћем	[不完] 振り返る→осврнути се
осека	[女] 引き潮
осетити* -тим	[完] 感じる→осећати
осетљив	[形] 感じ易い，敏感な
осећај	[男] 感じ，感情，感覚
осећајан	[形] 感じ易い，優しい
осећање	[中] 感情，情緒，気持ち，思い
осећати* -ћам	[不完] 感じる→осетити
осигурање	[中] 保険
осим*	[前] кога/чега 〜の外（ほか）に
оскудан	[形] 乏しい
оскудевати -вам	[不完] 欠ける，欠乏する
оскудица	[女] 欠乏
ослабити -бим	[完] 弱める；弱まる，衰える 痩せる→слабити
ослањати се -њам	[不完] на кога/што 寄り掛かる，頼る→ослонити се
ослобађати -ђам	[不完] 解放する，免除する →ослободити

осуда

ослободити -дим	[完] 解放する, 免除する →ослобађати
ослобођење	[中] 解放
ослонити се -ним	[完] на кога/што 寄り掛かる, 頼る→ослањати се
осмех	[男] 微笑み, 微笑
осмехивати се -хујем	[不完] 微笑む→осмехнути се
осмехнути се -нем	[完] 微笑む→осмехивати се
осми	[数] 第八の, 八番の; 八日
оснивати -вам	[不完] 創立する, 設立する →основати
основ*	[男] 基本, 根拠, 本
основа	[女] 基礎
основан*	[形] 基礎の, 基本的
основати -нујем	[完] 創立する, 設立する →оснивати
особа*	[女] 人
особина	[女] 性質
оставити* -вим	[完] 残す, 放っておく →остављати
оставка	[女] 辞職, 辞表
остављати* -љам	[不完] 残す, 放っておく →оставити
остајати -јем	[不完] 残る; 余る→остати
остали*	[形] 残りの, その他の
остатак	[男] 残り, 名残; 余り
остати -танем	[完] 残る; 余る→остајати
остваривати* -рујем	[不完] 実現する→остварити
остварити* -рим	[完] 実現する→остваривати
острво*	[中] 島
осуда	[女] 非難

осудити		[114]

осудити -*дим*	[完] 非難する, 判決を下す →осуђивати
осуђивати -*ђујем*	[不完] 非難する, 判決を下す →осудити
осушити -*шим*	[完] 干す, 乾かす→сушити
осушити се -*шим*	[完] 乾く→сушити се
отада	[副] それから
отац*	[男] 父, 父親
отаџбина	[女] 祖国
отварати* -*рам*	[不完] 開ける, 開く→отворити
отварати се -*рам*	[不完] 開く→отворити се
отвор	[男] 穴, 口
отворен*	[形] 開いている；率直な, 公開の
отворити* -*рим*	[完] 開ける, 開く→отварати
отворити се -*рим*	[完] 開く→отварати се
отети *отмем*	[完] 奪う→отимати
отећи -*течем*	[完] 腫れる→отицати
отимати -*мам*	[不完] 奪う→отети
отићи* *одем*	[完] 行く, 去る, 出発する →одлазити
отицати -*тичем*	[不完] 腫れる→отећи
откада	[副] いつから
отказ	[男] 中止, 解約, 解雇
отказати -*кажем*	[完] 中止する, 断る, 取り消す →отказивати
отказивати -*зујем*	[不完] 中止する, 断る, 取り消す →отказати
откако	[副] いつから
откидати -*дам*	[不完] 千切る, 捥ぐ→откинути
откидати се -*дам*	[不完] 切れる, 千切れる, 取れる →откинути се

охрабрити

откинути -нем	[完] 千切る, 捥ぐ→откидати
откинути се -нем	[完] 切れる, 千切れる, 取れる →откидати се
отклањати -њам	[不完] 取り除く→отклонити
отклонити -ним	[完] 取り除く→отклањати
откривати -вам	[不完] 開ける;発見する →открити
открити -ријем	[完] 開ける;発見する →откривати
откриће	[中] 発見
откуда*	[副] どこから
отмен	[形] 上品な
отмица	[女] 誘拐
оток	[男] 腫れ
отпад	[男] 廃棄物
отпадак	[男] 屑, 塵芥
отпевати* -вам	[完] 歌う→певати
отпор*	[男] 抵抗
отпоран	[形] 丈夫な
отприлике*	[副] 凡そ, ほぼ
отпустити -тим	[完] 解雇する→отпуштати
отпутовати -тујем	[完] 旅立つ, 発つ→путовати
отпуштати -там	[不完] 解雇する→отпустити
отров*	[男] 毒
отуда	[副] そこから
офанзива	[女] 攻勢
офарбати -бам	[完] 塗る, 染める→фарбати
официр	[男] 将校
охладити -дим	[完] 冷やす, 冷ます→хладити
охладити се -дим	[完] 冷える, 冷める→хладити се
охрабрити -рим	[完] 励ます, 激励する→храбрити

оцена*	[女] 評価, 判断; 成績, 点数
оценити -ним	[完] 評価する, 判断する; 採点する→оцењивати
оцењивати -њујем	[不完] 評価する, 判断する; 採点する→оценити
очај	[男] 絶望
очајан	[形] 絶望的
очекивати* -кујем	[不完] 期待する, 予期する
очешљати -љам	[完] 梳かす(髪)→чешљати
очи*	[女複] 目
очигледан	[形] 明白な, 明らかな
очистити* -тим	[完] 綺麗にする, 掃除する →чистити
очух	[男] 継父
ошишати -шам	[完] 刈る(毛)→шишати
оштар*	[形] 鋭い
оштетити -тим	[完] 損なう, 傷める→штетити
оштрити -рим	[不完] 研ぐ, 削る→наоштрити

П, п

па	[接] ～して(継起); それから
пад	[男] 落下, 低下
падати* -дам	[不完] 落ちる, 降る, 倒れる, 転ぶ→пасти
падина	[女] 斜面
падобран	[男] 落下傘

папричица

пажљив	[形] 注意深い
пажња*	[女] 注意
пазити* -зим	[不完] на кога/што 注意する, 気を付ける；大事にする
пакао*	[男] 地獄
пакет*	[男] 包み, 小包
паковати -кујем	[不完] 包む, 荷造りする →спаковати
пакостан	[形] 意地悪な
пакт	[男] 条約
палата	[女] 宮殿, 会館
палац	[男] 親指
палити* -лим	[不完] 燃やす, 点ける(火) →запалити；点ける(灯), 点火する→упалити；
палити се -лим	[不完] 点く(火)→запалити се
палица	[女] 棒
палуба	[女] 甲板
памет	[女] 知恵
паметан*	[形] 利口な
памтити* -тим	[不完] 覚える, 記憶する →запамтити
памћење	[中] 記憶
памук*	[男] 綿, 木綿
памучан	[形] 木綿の
панталоне*	[女複] ズボン
пањ	[男] 切株
папагај	[男] 鸚鵡
папир*	[男] 紙
паприка	[女] パプリカ(甘唐辛子)
папричица	[女] 唐辛子

папуча*	[女] スリッパ
пар*	[男] ～組, 対; 偶数; брачни п— 夫婦
пара¹*	[女] 蒸気, 湯気
пара²*	[女] 銭
парада	[女] パレード
парадајз*	[男] トマト
паралела	[女] 平行線
паралелан	[形] 平行の
парализа	[女] 麻痺
парк*	[男] 公園
паркиралиште	[中] 駐車場
паркирати* -рам	[完/不完] 駐車する
парламент*	[男] 議会, 国会
парола	[女] スローガン, 標語
партија*	[女] 党, 政党
партнер	[男] 相手, 仲間
парфем	[男] 香水
парцела	[女] 地所
парче*	[中] 切れ, 片
пас*	[男] 犬
пасиван	[形] 消極的, 受け身の
пасош*	[男] パスポート, 旅券
пасти* паднем	[完] 落ちる, 降る, 倒れる, 転ぶ →падати
пастрмка	[女] 鱒
пасуљ*	[男] 豆(隠元)
патент	[男] 特許
патика	[女] 運動靴
патити -тим	[不完] 苦しむ, 悩む
патка*	[女] 家鴨

патлиџан	[男] 茄子
патња	[女] 苦しみ, 悩み
патуљак	[男] 小人
пауза*	[女] 間, 休み, 休憩
паук*	[男] 蜘蛛
паун	[男] 孔雀
пацијент	[男] 患者
пацов	[男] 鼠
пашњак	[男] 牧場
певати* -вам	[不完] 歌う→отпевати
певач	[男] 歌手(男)
певачица	[女] 歌手(女)
пега	[女] 斑点, むら, そばかす
пегла*	[女] アイロン
пеглати -лам	[不完] アイロンをかける →испеглати
педесет*	[数] 五十
пејзаж	[男] 風景
пекара	[女] パン屋(店)
пекмез	[男] ジャム
пелена	[女] おむつ
пена	[女] 泡
пензија*	[女] 年金
пењати се* -њем	[不完] 登る→попети се
пепељара	[女] 灰皿
пепео*	[男] 灰
пераја	[女] 鰭
период	[男] 期間, 時期
перо*	[中] 羽; ペン
перон	[男] プラットホーム
перут	[女] 頭垢

песак	[120]

песак*	[男] 砂
песма*	[女] 歌, 詩
песник*	[男] 詩人
песникиња*	[女] 詩人(女)
песница	[女] 拳
пет*	[数] 五, 五つ
пета	[女] 踵
петак*	[男] 金曜日
петао*	[男] 鶏(雄), 雄鶏
пети*	[数] 第五の, 五番の; 五日
петнаест*	[数] 十五
петсто*	[数] 五百
пећ*	[女] ストーブ, 炉
пећи *печем*	[不完] 焼く(パン)→испећи
пећина	[女] 洞穴, 洞窟
пехар	[男] 杯, カップ
пецање	[中] 釣り
пецати -цам	[不完] 釣る→упецати
печат*	[男] 判, 判子, 印鑑
печење	[中] 焼肉
печурка*	[女] 茸
пешак	[男] 歩行者
пешке	[副] 歩いて, 徒歩で
пешкир*	[男] タオル, 手拭
пиво*	[中] ビール
пијан	[形] 酔った
пијаца*	[女] 市場
пиле* *пилићи*	[中] ひよこ, 雛
пилетина	[女] 鶏肉
пилот	[男] パイロット
пиљарница	[女] 八百屋(店)

плаћати

пионир*	[男] パイオニア; 少年団員(男)
пионирка*	[女] 少年団員(女)
пипати -пам	[不完] 触る→пипнути
пипнути -нем	[完] 触る→пипати
пиринач*	[男] 稲, 米
писати* пишем	[不完] 書く→написати
писац*	[男] 作家, 筆者
писмо*	[中] 手紙; 文字
писта	[女] 滑走路
питање*	[中] 問い, 質問, 問題, 疑問
питати* -там	[不完] 問う, 聞く, 質問する, 尋ねる
пити* пијем	[不完] 飲む→попити
пиће*	[中] 飲み物, 酒
пицама	[女] パジャマ, 寝巻
пиштољ	[男] ピストル
плав*	[形] 青い; 金髪の
плавити -вим	[不完] 氾濫する→поплавити
плажа*	[女] 浜
плакар	[男] 戸棚, 押し入れ
плакат	[男] ポスター
плакати* -лачем	[不完] 泣く
пламен	[男] 炎
план*	[男] 計画, 予定; 図(設計図)
планета	[女] 惑星
планина*	[女] 山
планирати -рам	[不完] 計画する, 予定する
плата*	[女] 給料
платити* -тим	[完] 払う→плаћати
платно	[中] 布
плаћати* -ћам	[不完] 払う→платити

плафон	[男] 天井
плашити -*шим*	[不完] 脅かす→уплашити
плашити се -*шим*	[不完] кога/чега 怖がる, 恐れる →уплашити се
плашљив	[形] 怖がりの, 臆病な
племе	[中] 種族, 部族
племенит	[形] 貴い
племић	[男] 貴族(男)
племкиња	[女] 貴族(女)
плен	[男] 獲物
плес	[男] 舞, 踊り
плесати -*лешем*	[不完] 舞う
плести -*летем*	[不完] 編む→исплести
плећа	[中複] 肩, 背
пливање	[中] 水泳
пливати* -*вам*	[不完] 泳ぐ
плима	[女] 満ち潮
плин	[男] ガス
плитак* <*плићи*	[形] 浅い
пловидба	[女] 航海
пловити -*вим*	[不完] 航海する, 漂う
плод	[男] 実, 実り
плодан	[形] 実り多い, 豊かな, 肥沃な
плоча*	[女] 板；レコード
плочица	[女] タイル
плуг	[男] 犂
плус	[男] プラス
плутати -*там*	[不完] 浮かぶ, 漂う
Плутон	[男] 冥王星
плућа*	[中複] 肺
пљачка	[女] 略奪

повести

пљачкати -*кам*	[不完] 略奪する→опљачкати
пљувати -*љујем*	[不完] 唾を吐く→пљунути
пљувачка	[女] 唾，唾液，涎
пљунути -*нем*	[完] 唾を吐く→пљувати
пљусак	[男] 俄雨
по¹*	[前] кога/што ～を求めて，ずつ; коме/чему ～の上に(表面)，～の直後に，～に拠れば，
по²	[副] 半
победа*	[女] 勝ち，勝利
победити -*дим*	[完] 勝つ→побеђивати
побеђивати -*ђујем*	[不完] 勝つ→победити
побећи* -*бегнем*	[完] 逃げる，逃れる→бежати
побољшавати -*вам*	[不完] 改善する→побољшати
побољшавати се -*вам*	[不完] 良くなる→побољшати се
побољшати -*шам*	[完] 改善する→побољшавати
побољшати се -*шам*	[完] 良くなる→побољшавати се
побринути се* -*нем*	[完] 世話する→бринути се
побуда	[女] 動機
побуна	[女] 反乱
побунити се -*ним*	[完] 反乱する→бунити се
повезати -*вежем*	[完] 結び付ける→повезивати
повезати се -*вежем*	[完] 結び付く→повезивати се
повезивати -*зујем*	[不完] 結び付ける→повезати
повезивати се -*зујем*	[不完] 結び付く→повезати се
поверавати -*вам*	[不完] 任せる，預ける→поверити
поверење*	[中] 信用，信頼
поверити -*рим*	[完] 任せる，預ける→поверавати
поверовати* -*рујем*	[完] 信じる，信用する→веровати
повести¹ -*ведем*	[完] 導く，率いる，連れる→водити
повести² -*везем*	[完] 乗せる，運ぶ→возити

повећавати	[124]

повећавати* -вам	[不完] 増やす, 拡大する →повећати
повећавати се -вам	[不完] 増える, 増す, 増加する →повећати се
повећати* -ћам	[完] 増やす, 拡大する →повећавати
повећати се -ћам	[完] 増える, 増す, 増加する →повећавати се
повлачити -чим	[不完] 引く, 引っ張る→повући
повлачити се -чим	[不完] 退く, 辞める, 引退する, 引っ込む→повући се
повод	[男] きっかけ
повољан	[形] 好い, 有利な
поворка	[女] 行進, 行列
повратак	[男] 帰り
повратити -тим	[完] 取り戻す; 戻す, 吐く →повраћати
повраћати -ћам	[不完] 取り戻す; 戻す, 吐く →повратити
повреда	[女] 怪我, 傷
повредити -дим	[完] 傷付ける; 侵す →повређивати
повредити се -дим	[完] 傷付く, 怪我をする →повређивати се
повређивати -ђујем	[不完] 傷付ける; 侵す →повредити
повређивати се -ђујем	[不完] 傷付く, 怪我をする →повредити се
повремен	[形] 時々の
поврће*	[中] 野菜
површан	[形] 表面の

површина*	[女]	表面；面積
повући* -вучем	[完]	引く，引っ張る→повлачити
повући се -вучем	[完]	退く，辞める，引退する，引っ込む→повлачити се
погађати -ђам	[不完]	当てる；当たる，命中する→погодити
погинути -нем	[完]	死ぬ→гинути
поглед	[男]	眼差し，見方；眺め
погледати* -дам	[完]	見る，眺める→гледати
погодак	[男]	当たり，命中
погодан	[形]	適切な，都合よい
погодити -дим	[完]	当てる；当たる，命中する→погађати
погон*	[男]	動力；工場
погоршавати се -вам	[完]	悪くなる，悪化する→погоршати се
погоршати се -шам	[完]	悪くなる，悪化する→погоршавати се
поготово	[副]	まして，特に
погрешан	[形]	間違った
погрешити -шим	[完]	間違える，誤る→грешити
под¹ *	[男]	床
под² *	[前]	ким/чим 〜の下に；(場所) кога/што 〜の下へ(方向)
подао	[形]	卑怯な
подарити -рим	[完]	贈る，寄贈する→даровати
податак	[男]	データ，資料
подела	[女]	分割
поделити* -лим	[完]	分ける，配る，分割する→делити

подесити	
подесити -сим	[完] 合わせる, 調節する →подешавати
подешавати -вам	[不完] 合わせる, 調節する →подесити
подземље	[中] 地下
подземни	[形] 地下の
подизати -дижем	[不完] 上げる, 起こす, 立てる, 持ち上げる→подићи
подизати се -дижем	[不完] 上がる, 起きる, 立つ →подићи се
подићи -дигнем	[完] 上げる, 起こす, 立てる, 持ち上げる→подизати
подићи се -дигнем	[完] 上がる, 起きる, 立つ →подизати се
подједнак	[形] 等しい
подморница	[女] 潜水艦
подне*	[中] (不変)正午, 昼, 真昼
поднети -несем	[完] 提出する; 耐える →подносити
подножје	[中] 麓(ふもと)
подносити -сим	[不完] 提出する; 耐える →поднети
подобан	[形] 適した
подојити -јим	[完] 授乳する→дојити
подржавати -вам	[不完] 支える, 支持する →подржати
подржати -жим	[完] 支える, 支持する →подржавати
подригивати -гујем	[不完] げっぷが出る →подригнути
подригнути -нем	[完] げっぷが出る→подригивати

подрум*	[男]	地下室
подручје	[中]	領域, 地域
подршка	[女]	支持
подсетити -тим	[完]	на кога/што 思い出させる →подсећати
подсећати -ћам	[不完]	на кога/што 思い出させる →подсетити
подстаћи -такнем	[完]	刺激する, 奨励する →подстицати
подстицај	[男]	刺激
подстицати -тичем	[不完]	刺激する, 奨励する →подстаћи
подударати се -рам	[不完]	一致する→подударити се
подударити се -рим	[完]	一致する→подударати се
подухват	[男]	事業
поезија*	[女]	詩, 詩歌
поен	[男]	点, 得点
поента	[女]	要点
пожар*	[男]	火事, 火災
пожелети* -лим	[完]	欲しい, 欲する, 願う, 望む →желети
пожељан	[形]	望ましい
пожњети -њем	[完]	収穫する→жети
пожурити -рим	[完]	急がせる; 急ぐ→журити
пожурити се -рим	[完]	急ぐ→журити се
позади	[副]	後ろに
позадина	[女]	背景
позајмити -мим	[完]	借りる; 貸す→позајмљивати
позајмица	[女]	借り; 貸し
позајмљивати -љујем	[不完]	借りる; 貸す→позајмити

позвати [128]

позвати* -зовем	[完] 呼ぶ, 招く, 招待する, 呼び掛ける→позивати
поздрав*	[男] 挨拶, 歓迎
поздравити* -вим	[完] 挨拶する, 歓迎する →поздрављати
поздрављати* -љам	[不完] 挨拶する, 歓迎する →поздравити
позив*	[男] 呼び掛け, 招待
позивати* -вам	[不完] 呼ぶ, 招く, 招待する, 呼び掛ける→позвати
позивница	[女] 招待状
позитиван	[形] 肯定的, 積極的
позиција	[女] 位置; 地位, 立場
познавати* -најем	[不完] 知る
познаник	[男] 知人, 知り合い(男)
познаница	[女] 知人, 知り合い(女)
познат*	[形] 有名な
позориште*	[中] 劇場, 演劇, 芝居
позорница	[女] 舞台
појава	[女] 現象, 出現, 現れ
појавити се -вим	[完] 現れる→појављивати се
појављивати се -љујем	[不完] 現れる→појавити се
појам	[男] 概念, 観念
појас	[男] 帯; 地帯
појачавати -вам	[不完] 強める, 強化する →појачати
појачавати се -вам	[不完] 強まる→појачати се
појачати -чам	[完] 強める, 強化する →појачавати
појачати се -чам	[完] 強まる→појачавати се
појединац	[男] 個人

покренути

појединачан	[形] 個別の
поједини	[形] 個々の
појести* -*једем*	[完] 食べる，食う→jести
појурити -*рим*	[完] за ким/чим 追う，走る →jурити
показати* -*кажем*	[完] 見せる，示す→показивати
показивати* -*зујем*	[不完] 見せる，示す→показати
покајати се -*јем*	[完] 後悔する→кајати се
покварен	[形] 壊れた；腐った
покварити -*рим*	[完] 壊す→кварити
покварити се -*рим*	[完] 壊れる，故障する；腐る →кварити се
поквасити -*сим*	[完] 濡らす→квасити
поквасити се -*сим*	[完] 濡れる→квасити се
покидати -*дам*	[完] 千切る→кидати
покиснути -*нем*	[完] 濡れる(雨)→киснути
поклањати -*њам*	[不完] 贈る→поклонити
поклапати се -*пам*	[不完] 重なる→поклопити се
поклон*	[男] 贈物
поклонити -*ним*	[完] 贈る→поклањати
поклонити се -*ним*	[完] お辞儀をする→клањати се
поклопац*	[男] 蓋
поклопити се -*пим*	[完] 重なる→поклапати се
покојни	[形] 故〜
покојник	[男] 故人
поколебати се -*бам*	[完] 迷う，動揺する →колебати се
покосити -*сим*	[完] 刈る→косити
покрај	[前] кога/чега 〜の傍らに
покрајина	[女] 州
покренути -*нем*	[完] 動かす→покретати

покрет*	[男] 動き，動作，運動
покретати -*рећем*	[不完] 動かす→покренути
покривати -*вам*	[不完] 覆う→покрити
покривач	[男] 覆い，カバー
покрити -*ријем*	[完] 覆う→покривати
покушавати* -*вам*	[不完] 試みる，挑戦する →покушати
покушај	[男] 試み
покушати* -*шам*	[完] 試みる，挑戦する →покушавати
пол	[男] 性；極
пола*	[副] 半，半分，半ば
полагати -*лажем*	[不完] 据える，横たえる →положити；受ける(試験)
полазак*	[男] 出発
полазити* -*зим*	[不完] 発つ，出発する→поћи
полако*	[副] ゆっくり
полетати -*лећем*	[不完] 飛び立つ→полетети
полетети -*тим*	[完] 飛び立つ→полетати
поливати -*вам*	[不完] 注ぐ，掛ける→полити
поливати се -*вам*	[不完] чим 浴びる，被る →полити се
полизати -*лижем*	[完] 舐める→лизати
полити -*лим*	[完] 注ぐ，掛ける→поливати
политика*	[女] 政治，政策
полити се -*лим*	[完] чим 浴びる，被る →поливати се
политичар	[男] 政治家
полица	[女] 棚
полицајац*	[男] 警察官
полиција*	[女] 警察

помислити

полован	[形] 中古の
половина*	[女] 半分，二分の一
положај*	[男] 位置，地位，身分
положити -жим	[完] 据える，横たえる →полагати; 受かる(試験)，合格する
поломити -мим	[完] 割る，折る→ломити
полуга	[女] 梃子
полуострво	[中] 半島
поље*	[中] 原，野; 分野，場; 畑
пољопривреда*	[女] 農業
пољубац*	[男] キス，接吻
пољубити -бим	[完] キスする，接吻する →љубити
помагати* -мажем	[不完] 助ける，手伝う，援助する →помоћи
помало	[副] 少し
поменути -нем	[完] 触れる，挙げる，言及する →помињати
померати -рам	[不完] 寄せる，ずらす→померити
померати се -рам	[不完] 寄る，ずれる→померити се
померити -рим	[完] 寄せる，ずらす→померати
померити се -рим	[完] 寄る，ずれる→померати се
помести -метем	[完] 掃く→мести
помешати* -шам	[完] 混ぜる→мешати
помињати -њем	[不完] 触れる，挙げる，言及する →поменути
помирисати -ришем	[完] 嗅ぐ→мирисати
помирити се -рим	[完] 仲直りする，諦める →мирити се
помислити -лим	[女] 思う，考える→мислити

помножити [132]

помножити -жим	[完] 増やす；掛ける→множити
помножити се -жим	[完] 増える→множити се
помолити се -лим	[完] 祈る，拝む→молити се
поморанџа	[女] オレンジ
поморац	[男] 船員
помоћ*	[女] 助け，手伝い，援助
помоћи* -могнем	[完] 助ける，手伝う，援助する→помагати
понављати* -љам	[不完] 繰り返す→поновити
понашање	[中] 振舞い
понашати се -шам	[不完] 振舞う
понедељак*	[男] 月曜日
понекад*	[副] 時々，たまに
понети -несем	[完] 運ぶ，担ぐ，持って行く→носити
поништавати -вам	[不完] 取り消す，無効にする→поништити
поништити -тим	[完] 取り消す，無効にする→поништавати
поновити* -вим	[完] 繰り返す→понављати
поново*	[副] 再び，再度
понос	[男] 誇り，自慢
поносан	[形] 誇り高い
поносити се -сим	[完] ком/чим 誇る，自慢する
поноћ*	[女] 夜中，真夜中
поноћни	[形] 夜中の
понуда	[女] 申し出，提供，供給
понудити -дим	[完] 申し出る，提供する，供給する→нудити
поп*	[男] 僧，司祭
попети се* -пнем	[完] 登る→пењати се

поред

попити* -*пијем*	[完] 飲む→пити
поплава*	[女] 洪水, 氾濫
поплавити -*вим*	[完] 氾濫する→плавити
поподне*	[中] 午後
поподневни	[形] 午後の
поправити -*вим*	[完] 直す, 修理する; 改善する →поправљати
поправити се -*вим*	[完] 直る→поправљати се
поправка*	[女] 修理, 修繕
поправљати -*љам*	[不完] 直す, 修理する; 改善する →поправити
поправљати се -*љам*	[不完] 直る→поправити се
попрскати -*кам*	[完] 撒く, 跳ねかす→прскати
популаран	[形] 人気の, 流行の
попунити -*ним*	[完] 埋める, 補充する; 記入する →попуњавати
попуњавати -*вам*	[不完] 埋める, 補充する; 記入する →попунити
попуст*	[男] 割引
попустити -*тим*	[完] 緩む; 緩める, 譲る →попуштати
попут	[前] кога/чега ～のように
попушити* -*шим*	[完] 煙草を吸う→пушити
попуштати -*там*	[不完] 緩む; 緩める, 譲る →попустити
пораз*	[男] 負け, 敗北, 敗戦
пораст	[男] 成長, 上昇, 増大
порасти* -*стем*	[完] 育つ, 伸びる, 成長する, 増大する→расти
поред*	[前] кога/чега ～の横に, 隣に, 外(ほか)に

поредак	[134]

поредак	[男] 秩序, 体制
поређати -ђам	[完] 並べる→пеђати
поређати се -ђам	[完] 並ぶ→пеђати се
порез*	[男] 税, 税金
порекло	[中] 生まれ, 出身, 起源
пореметити -тим	[完] 乱す→реметити
пореметити се -тим	[完] 乱れる, 混乱する →реметити се
поремећај	[男] 混乱
порећи -рекнем	[完] 否定する→порицати
порицати -ричем	[不完] 否定する→порећи
породица*	[女] 家族, 家庭
порођај	[男] 出産
порука*	[女] 言付け, 伝言
поручивати -чујем	[不完] 注文する; 言い付ける →поручити
поручити -чим	[完] 注文する; 言付ける →поручивати
поруџбина	[女] 注文
порцелан	[男] 陶器
посада	[女] 乗組員
посадити -дим	[完] 植える→садити
посао*	[男] 仕事, 職; 用事; 商売
посвађати се -ђам	[完] 喧嘩する→свађати се
посве	[副] 全く, 全然
посветити -тим	[完] 捧げる→посвећивати
посвећивати -ћујем	[不完] 捧げる→посветити
посебан*	[形] 別の, 別々の, 特別の
поседовати -дујем	[不完] 所有する
посејати -јем	[完] 蒔く→сејати
посета*	[女] 訪問, 面会

постајати

посетилац	[男] 客(訪問客)
посетити* -тим	[完] 訪ねる，訪れる，訪問する →посећивати
посећи -сечем	[完] 切る→сећи
посећивати* -ћујем	[不完] 訪ねる，訪れる，訪問する →посетити
посланик*	[男] 議員(国会)
посластичарница	[女] 菓子屋(店)
послати* пошаљем	[完] 送る，派遣する→слати
после*	[前] кога/чега ～の後に
	[副] 後で
последица	[女] 結果，影響；後遺症
последњи*	[形] 最後の
послован	[形] 商売の；事務的
пословати -лујем	[不完] 営業する，商売する
пословица	[女] 諺
пословођа	[男] 主任
послужавник	[男] 盆
послужити се -жим	[完] ким/чим 使う→служити се
послушан	[形] 素直な，大人しい
послушати -шам	[完] 聞く，従う→слушати
посматрати -рам	[不完] 観察する，観測する
поспан	[形] 眠い
посредан*	[形] 間接の
посрнути -нем	[完] よろめく→посртати
посртати -срћем	[不完] よろめく→посрнути
поставити* -вим	[完] 置く，据える，設置する，取り付ける→постављати
постављати* -љам	[不完] 置く，据える，設置する，取り付ける→поставити
постајати* -јем	[不完] 成る→постати

постати* -танем	[完]	成る→постајати
постеља	[女]	床, 寝床
постељина	[女]	寝具, 夜具
постепено	[副]	段々, 次第に
постидети се -дим	[完]	恥じる, 恥ずかしがる; 恥ずかしい→стидети се
постизати -тижем	[不完]	遂げる, 達成する→постићи
постићи -тигнем	[完]	遂げる, 達成する→постизати
посто	[副]	パーセント
постојан	[形]	不変の
постојати* -јим	[不完]	存在する
постоље	[中]	台
поступак	[男]	行動, 取り扱い, 手順
поступати -пам	[不完]	行動する, 取り扱う→поступити
поступити -пим	[完]	行動する, 取り扱う→поступати
посуда	[女]	容器, 入れ物
посуђе	[中]	(集合)容器, 入れ物
посумњати* -њам	[完]	疑う, 怪しむ→сумњати
потајно	[副]	密かに
потапати -пам	[不完]	沈める→потопити
потврда*	[女]	確認; 証明書
потврдити -дим	[完]	確認する→потврђивати
потврђивати -ђујем	[不完]	確認する→потврдити
потез	[男]	動き, 手(将棋)
поток	[男]	小川
потом	[副]	後で, その後
потомак	[男]	子孫

потонути -нем	[完]	沈む→тонути
потопити -пим	[完]	沈める→потапати
потпис*	[男]	署名, サイン
потписати -пишем	[完]	署名する→потписивати
потписивати -сујем	[不完]	署名する→потписати
потпун*	[形]	完全な, 十分な
потражити -жим	[完]	探す→тражити
потражња	[女]	需要
потрајати* -јем	[完]	続く; 持つ, 長持ちする →трајати
потреба*	[女]	必要
потребан*	[形]	必要な
потрес	[男]	揺れ, 振動
потресати -сам	[不完]	揺るがす→потрести
потресати се -сам	[不完]	揺らぐ→потрести се
потрести -ресћем	[完]	揺るがす→потресати
потрести се -ресћем	[完]	揺らぐ→потресати се
потрошач	[男]	消費者
потрошити -шим	[完]	費やす, 消費する→трошити
потрошња	[女]	消費
потрудити се* -дим	[完]	努める, 努力する →трудити се
потрчати* -чим	[完]	走る, 駆ける→трчати; 駆け出す
потући се -тучем	[完]	殴り合う→тући се
потценити -ним	[完]	侮る→потцењивати
потцењивати -њујем	[不完]	侮る→потценити
поћи* пођем	[完]	発つ, 出発する→полазити
поуздан	[形]	確かな, 頼もしい
поука	[女]	教訓
похађати -ђам	[不完]	通う

похвала	[女] 賞賛
похвалити -лим	[完] 褒める, 表彰する→хвалити
похитати -там	[完] 駆け付ける→хитати
похлепа	[女] 欲
похлепан	[形] 欲張りな
поцепати -пам	[完] 裂く, 破る→цепати
поцепати се -пам	[完] 裂ける, 破れる, 分裂する →цепати се
почетак*	[男] 初め；始まり, 開始
почети* -чнем	[完] 始める, 開始する；始まる →почињати
почешати -шам	[完] 搔く→чешати
почињати* -њем	[不完] 始める, 開始する；始まる →почети
пошта*	[女] 郵便；郵便局
поштар	[男] 郵便配達(人)
поштен*	[形] 正直な, 誠実な
пошто	[副] いくら
	[接] ～だから；～してから
поштовање*	[中] 尊敬, 敬意
поштовати -тујем	[不完] 敬う, 尊敬する, 尊重する
прав*	[形] 真直ぐな；本物の, 本当の
правац*	[男] 方向, 方角
правда*	[女] 正義
праведан	[形] 公平な
правилан*	[形] 正しい, 規則正しい, 正常な
правило*	[中] 規則, 原則, 決まり
правити* -вим	[不完] する, 拵える→направити
правити се -вим	[不完] 気取る, 振りをする
правичан	[形] 公平な
право[1]	[副] 真直ぐに, 正しく

	[139]	**преводилац**

право[2]*	［中］法；權利
православље*	［中］正教
правоугаоник	［男］長方形
праг	［男］敷居
празан*	［形］空の，空いている
празник*	［男］祭，祝日，祭日，休日
празнити -*ним*	［不完］空ける，空にする
	→испразнити
пракса*	［女］実習，実践
практичан*	［形］実用的，便利な
прасе* *прасићи*	［中］豚(子)，子豚
прати* *перем*	［不完］洗う，洗濯する→опрати
пратити -*тим*	［不完］伴う；付き添う
пратња	［女］付添い
прах	［男］粉，塵
прашак*	［男］粉，洗剤
прашина	［女］埃，塵
првак	［男］チャンピオン
првенство	［中］選手権；優先
први*	［数］第一の，一番の，最初の；一日(ついたち)
прво	［副］先ず，初めに
прдеж	［男］屁
пре*	［前］кога/чега ～の前に，先に
	［副］前に，先に
преварити -*рим*	［完］騙す，欺く→варати
превентива	［女］予防
превести[1] -*ведем*	［完］訳す，翻訳する→преводити
превести[2] -*везем*	［完］輸送する，運搬する
	→превозити
превод*	［男］訳，翻訳
преводилац*	［男］訳者，翻訳家，通訳

преводити	[140]

преводити -*дим*	[不完] 訳す，翻訳する→превести；通訳する
превоз	[男] 輸送，運搬
превозити -*зим*	[不完] 輸送する，運搬する →превести
превој	[男] カーブ(道路)；峠
преврнути -*нем*	[完] 引っ繰り返す，裏返す →превртати
преврнути се -*нем*	[完] 引っ繰り返る，転覆する →превртати се
превртати -*врћем*	[不完] 引っ繰り返す，裏返す →преврнути
превртати се -*врћем*	[不完] 引っ繰り返る，転覆する →преврнути се
преглед	[男] 検査，診察
прегледати -*дам*	[完/不完] 検査する，診察する
преговарати -*рам*	[不完] 交渉する
преговор	[男] 交渉
пред*	[前] ким/чим ～の前に(場所)；кога/што ～の前へ(方向)
предавање	[中] 講義，講演
предавати -*дајем*	[不完] 渡す，提出する→предати；講義する
предавати се -*дајем*	[不完] 参る，降参する →предати се
предавач	[男] 講師
предаја	[女] 提出；降参
предак	[男] 先祖，祖先
предан	[形] 熱心な
предати -*дам*	[完] 渡す，提出する→предавати

предати се -дам [完] 参る, 降参する
→предавати се
предах [男] 休み
предвидети -дим [完] 予想する, 予定する
→предвиђати
предвиђати -ђам [不完] 予想する, 予定する
→предвидети
предграђе [中] 郊外
предео [男] 地方; 景色
предјело [中] 前菜
предлагати -лажем [不完] 提案する→предложити
предлог* [男] 提案; 前置詞
предложити -жим [完] 提案する→предлагати
предмет [男] 物体, 対象; 科目, 件
предност [女] 長所, 優先
предњи* [形] 前の, 正面の
предрасуда [女] 偏見
предрачун [男] 見積もり, 予算
председник* [男] 大統領, 会長, 議長
предсобље [中] 玄関
представа [女] 観念; 公演
представити* -вим [完] 表す; 紹介する
→представљати
представљати* -љам [不完] 表す; 紹介する
→представити; 代表する
представник* [男] 代表
предузети -змем [完] 企てる, 着手する
→предузимати
предузеће* [中] 企業
предузимати -мам [不完] 企てる, 着手する
→предузети

преживети		[142]

преживети -вим	[完]	生き残る；体験する →преживљавати
преживљавати -вам	[不完]	生き残る；体験する →преживети
презиме	[中]	姓，苗字
презир	[男]	軽蔑
презирати -рам	[不完]	軽蔑する→презрети
презрети -рем	[完]	軽蔑する→презирати
прекид	[男]	中断
прекидати -дам	[不完]	断つ，中断する →прекинути
прекидати се -дам	[不完]	切れる，止む →прекинути се
прекидач	[男]	スイッチ
прекинути -нем	[完]	断つ，中断する→прекидати
прекинути се -нем	[完]	切れる，止む→прекидати се
прекјуче*	[副]	一昨日
преко*	[前]	кога/чега ～の向こうに，向かいに，～を越えて
прекосутра*	[副]	明後日
прекривати -вам	[不完]	被せる，覆う→прекрити
прекрити -ријем	[完]	被せる，覆う→прекривати
прекршај	[男]	違反，反則
прекршити -шим	[完]	犯す，違反する→кршити
прелаз	[男]	移行，横断，踏切
прелазак	[男]	移動
прелазити -зим	[不完]	移る，渡る，越える，越す，横切る，横断する→прећи
прелив	[男]	ソース
преливати се -вам	[不完]	溢れる→прелити се
прелити се -лијем	[完]	溢れる→преливати се

према* [前] коме/чему 〜に向かって, 〜の方へ; 〜に対して, 拠れば
премашивати -*шујем* [不完] 超える, 超過する →премашити
премашити -*шим* [完] 超える, 超過する →премашивати
преместити -*тим* [完] 移す→премештати
преместити се -*тим* [完] 移る→премештати се
премештај [男] 転勤
премештати -*там* [不完] 移す→преместити
премештати се -*там* [不完] 移る→преместити се
премијер* [男] 首相
премијера [女] 初演
пренети -*несем* [完] 伝える, 移す→преносити
пренети се -*несем* [完] 伝わる→преносити се
пренос [男] 中継
преносити -*сим* [不完] 伝える, 移す→пренети; 中継する
преносити се -*сим* [不完] 伝わる→пренети се
преноћити -*ћим* [完] 泊まる→ноћити
препис [男] 写し, コピー
преписати -*пишем* [完] 書き写す, 清書する →преписивати
преписивати -*сујем* [不完] 書き写す, 清書する →преписати
преподне* [中] 午前
преподневни [形] 午前の
препознавати -*најем* [不完] 見分ける, 分かる →препознати
препознати -*нам* [完] 見分ける, 分かる →препознавати

препорука	[女] 推薦
препоручен	[形] 書留の
препоручивати -чујем	[不完] 推薦する, 勧める →препоручити
препоручити -чим	[完] 推薦する, 勧める →препоручивати
препрека	[女] 障害, 邪魔
прерада	[女] 加工
прерадити -дим	[完] 加工する→прерађивати
прерађивати -ђујем	[不完] 加工する→прерадити
пресвлачити се -чим	[不完] 着替える→пресвући се
пресвући се -вучем	[完] 着替える→пресвлачити се
пресек	[男] 断面
преселити се -лим	[完] 引っ越す→селити се
прескакати -качем	[不完] 跳び越す→прескочити
прескочити -чим	[完] 跳び越す→прескакати
престајати -јем	[不完] 止む, 絶える; よす, 止める →престати
престанак	[男] 停止
престати -танем	[完] 止む, 絶える; よす, 止める →престајати
прести -редем	[不完] 紡ぐ→испрести
престизати -тижем	[不完] 追い越す→престићи
престићи -тигнем	[完] 追い越す→престизати
престо	[男] 王座
престоница	[女] 都, 首都
пресуда	[女] 判決
претварати -рам	[不完] 変える→претворити
претварати се -рам	[不完] 変わる, 化ける →претворити се
претворити -рим	[完] 変える→претварати

приближавати

претворити се -*рим*	[完] 変わる，化ける →претварати се
претежно	[副] 主に，主として
претеран	[形] 大袈裟な，無茶な
претерати -*рам*	[完] 誇張する→претеривати
претеривати -*рујем*	[不完] 誇張する→претерати
претећи -*текнем*	[完] 追い抜く→претицати
претити -*тим*	[不完] 威す，脅迫する
претицати -*тичем*	[不完] 追い抜く→претећи
претња	[女] 威し，脅威，脅迫
претпоставити -*вим*	[完] 推測する，仮定する →претпостављати
претпоставка	[女] 仮定，前提
претпостављати -*љам*	[不完] 推測する，仮定する →претпоставити
прећи *пређем*	[完] 移る，渡る，越える，越す，横切る，横断する→прелазити
преузети -*змем*	[完] 引き受ける，引き継ぐ →преузимати
преузимати -*мам*	[不完] 引き受ける，引き継ぐ →преузети
прехлада	[女] 風邪
прехрана	[女] 食品
прецизан	[形] 精確な
пречица	[女] 近道
пречник	[男] 直径
пржити -*жим*	[不完] 焼く，炒める，揚げる →испржити
при	[前] коме/чему 〜の側に，〜に際して
приближавати -*вам*	[不完] 近付ける→приближити

приближавати се	[146]

приближавати се -вам	[不完] 近付く, 迫る, 接近する →приближити се
приближан	[形] 凡その
приближити -жим	[完] 近付ける→приближавати
приближити се -жим	[完] 近付く, 迫る, 接近する →приближавати се
прибор	[男] 用具
приватан*	[形] 私立の, 民間の
привидан	[形] 見せ掛けの
привлачан*	[形] 魅力的
привлачити -чим	[不完] 引き寄せる→привући
привреда*	[女] 経済
привремен	[形] 一時の, 仮の, 臨時の
привући -вучем	[完] 引き寄せる→привлачити
приговор	[男] 異議
придев	[男] 形容詞
приземље*	[中] 一階
признавати -најем	[不完] 認める, 承認する →признати
признаница	[女] 受取, 領収書
признати -нам	[完] 認める, 承認する →признавати
призор	[男] 光景
пријава	[女] 届
пријавити -вим	[完] 届け出る→пријављивати
пријавити се -вим	[完] 申し込む, 応募する →пријављивати се
пријављивати -љујем	[不完] 届け出る→пријавити
пријављивати се -љујем	[不完] 申し込む, 応募する →пријавити се
пријавница	[女] 受付

приметити

пријатан*	[形] 快い, 気持ちよい, 楽しい
пријатељ*	[男] 友, 友達, 親友(男); 味方
пријатељица*	[女] 友, 友達, 親友(女)
пријатељство	[中] 友情, 友好
пријати -ja	[不完] коме 気持ちよい
пријем	[男] 宴会; 面会; 受け付け
приказати -кажем	[完] 見せる, 上映する →приказивати
приказивати -зујем	[不完] 見せる, 上映する →приказати
прикладан	[形] 適当な
прилагати -лажем	[不完] 添える→приложити
прилазити -зим	[不完] 寄る, 近寄る→прићи
прилика*	[女] 機会, 折, 時機; (複数)事情
приликом	[前] кога/чега 〜の折に, 際に
приличан*	[形] かなりの
прилично	[副] かなり, 大分, なかなか
прилог	[男] 付録, 付け合せ; 寄付; 副詞
приложити -жим	[完] 添える→прилагати
примати* -мам	[不完] 受ける, 受け取る, 採用する →примити
примедба	[女] 批評, 意見
примена	[女] 適用, 応用, 用途
применити -ним	[完] 用いる, 適用する, 応用する →примењивати
примењивати -њујем	[不完] 用いる, 適用する, 応用する →применити
пример*	[男] 例, 例え, 手本
примерак	[男] 〜部, 冊
приметити* -тим	[完] 気付く, 認める →примећивати

примећивати* -ћујем	[不完]	気付く，認める →приметити
примирје	[中]	休戦
примити* -мим	[完]	受ける，受け取る，採用する →примати
примитиван	[形]	原始的，野蛮な
приморавати -вам	[不完]	強いる，させる →приморати
приморати -рам	[完]	強いる，させる →приморавати
приморје*	[中]	海岸
принос	[男]	収穫
принуда	[女]	強制
принудити -дим	[完]	強制する→принуђивати
принуђивати -ђујем	[不完]	強制する→принудити
принц	[男]	王子
принцеза	[女]	王女
принцип*	[男]	原理，主義
припадати -дам	[不完]	所属する→припасти
припасти -паднем	[完]	所属する→припадати
приповетка	[女]	小説（短編）
припрема*	[女]	準備，支度
припремати -мам	[不完]	準備する，用意する →припремити
припремати се -мам	[不完]	支度する；за што 備える →припремити се
припремити -мим	[完]	準備する，用意する →припремати
припремити се -мим	[完]	支度する；за што 備える →припремати се
приредба	[女]	催し

приредити -дим [完] 催す→приређивати
приређивати -ђујем [不完] 催す→приредити
природа* [女] 自然, 本性
природан* [形] 自然な, 天然の; 当然の
приручник* [男] 参考書, 手引
присан [形] 親しい
присебан [形] 冷静な
присилити -лим [完] 強いる→присиљавати
присиљавати -вам [不完] 強いる→присилити
пристајати -јем [不完] 承諾する→пристати
присталица [男/女] 支持者, 味方
пристанак [男] 承諾
пристаниште [中] 港, 船着場
пристати -танем [完] 承諾する→пристајати
пристојан [形] 礼儀正しい
приступ [男] 加入
приступати -пам [不完] 加入する→приступити
приступити -пим [完] 加入する→приступати
присуство [中] 出席, 存在
присуствовати* -твујем [不完] 出席する
присутан [形] 出席の
притисак* [男] 圧力; крвни п— 血圧
притискати* -кам [不完] 圧す→притиснути
притиснути* -нем [完] 圧す→притискати
прићи priђем [完] 寄る, 近寄る→прилазити
прихватати -там [不完] 受け入れる, 引き受ける→прихватити
прихватити -тим [完] 受け入れる, 引き受ける→прихватати
приход* [男] 収入

прича		
прича*	[女]	話, 物語
причати* -чам	[不完]	話す, 語る, 喋る →испричати
прљав*	[形]	汚い
прљавштина	[女]	汚れ, 垢
прљати -љам	[不完]	汚す→испрљати
прљати се -љам	[不完]	汚れる→испрљати се
проба*	[女]	試し, 実験
пробати* -бам	[不完]	試す→испробати
пробијати -jам	[不完]	貫く, 突破する→пробити
пробити -бијем	[完]	貫く, 突破する→пробијати
проблем*	[男]	問題
пробудити -дим	[完]	起こす→будити
пробудити се -дим	[完]	目覚める, 起きる→будити се
пробушити -шим	[完]	開ける(穴)→бушити
проверавати -вам	[不完]	調べる, 確かめる →проверити
проверити -рим	[完]	調べる, 確かめる →проверавати
провести -ведем	[完]	通す; 過ごす→проводити
providан	[形]	透明な; 見え透いた
провинција	[女]	田舎, 地方
проводити -дим	[不完]	通す; 過ごす→провести
проглас	[男]	宣言
прогласити -сим	[完]	宣言する→проглашавати
проглашавати -вам	[不完]	宣言する→прогласити
прогноза*	[女]	予測, 予報
прогнозирати -рам	[完/不完]	予測する
програм*	[男]	計画, 予定; 番組
прогрес	[男]	進歩
прогресиван	[形]	進歩的

проклети

прогутати -там	[完] 呑む→гутати
продавати* -дајем	[不完] 売る，販売する→продати
продавац	[男] 店員(男)
продавачица	[女] 店員(女)
продавница*	[女] 店，売店
продаја*	[女] 販売
продати* -дам	[完] 売る，販売する→продавати
продирати -рем	[不完] 通る，貫く→продрети
продрети -рем	[完] 通る，貫く→продирати
продубити -бим	[完] 深める→продубљивати
продубљивати -љујем	[不完] 深める→продубити
продужавати -вам	[不完] 延長する，継続する →продужити
продужавати се -вам	[不完] 長引く→продужити се
продужетак	[男] 延長
продужити -жим	[完] 延長する，継続する →продужавати
продужити се -жим	[完] 長引く→продужавати се
проза	[女] 散文
прозор*	[男] 窓
прозрачан	[形] 透明な
произвести* -ведем	[完] 生産する，製造する →производити
производ*	[男] 生産物，製品
производити* -дим	[不完] 生産する，製造する →произвести
производња*	[女] 生産，製造
произвођач	[男] 生産者
пројект	[男] 設計，企画，案
пројектовати -тујем	[完/不完] 設計する
проклети -кунем	[完] 呪う→клети

проклетство	[中]	呪
пролаз	[男]	通路，通行
пролазак	[男]	通過
пролазити -зим	[不完]	通る，過ぎる，通過する，経つ→проћи
пролазник	[男]	通行人
пролеће*	[中]	春
пролећни	[形]	春の
пролив	[男]	下痢
проливати -вам	[不完]	流す，零す→пролити
проливати се -вам	[不完]	零れる→пролити се
пролити -лијем	[完]	流す，零す→проливати
пролити се -лијем	[完]	零れる→проливати се
промаја	[女]	隙間風
промашај	[男]	外れ，失敗
промашивати -шујем	[不完]	外す，失敗する →промашити
промашити -шим	[完]	外す，失敗する →промашивати
промена*	[女]	変化
променити* -ним	[完]	変える→мењати
променити се -ним	[完]	変わる，変化する →мењати се
промет*	[男]	交通，流通
промешати* -шам	[完]	掻き回す→мешати
проналазак	[男]	発明
проналазити -зим	[不完]	見付け出す，発明する →пронаћи
пронаћи -нађем	[完]	見付け出す，発明する →проналазити

пропаганда*	[女]	宣伝
пропагирати -*рам*	[完/不完]	宣伝する
пропадати -*дам*	[不完]	滅びる, 破滅する →пропасти
пропаст	[女]	破滅
пропасти -*паднем*	[完]	滅びる, 破滅する →пропадати
пропис*	[男]	規則
пропорција	[女]	比例
пропустити -*тим*	[完]	通す, 抜かす, 逃す →пропуштати
пропуштати -*там*	[不完]	通す, 抜かす, 逃す →пропустити
просвета*	[女]	教育
просек*	[男]	平均
просечан*	[形]	平均の; 平凡な
просити -*сим*	[不完]	乞う; 求婚する
просјак	[男]	乞食
прослава	[女]	祝い, 祝賀
прославити -*вим*	[完]	祝う, 祭る→славити
проспект*	[男]	カタログ, パンフレット
просперитет	[男]	繁栄
прост*	[形]	簡単な, 易しい; 下品な
простирати -*рем*	[不完]	広げる, 敷く→прострети
простирати се -*рем*	[不完]	広がる→прострети се
проститутка	[女]	売春婦
проституција	[女]	売春
простор*	[男]	空間, 場, 間
просторан	[形]	広い
просторија	[女]	室
прострети -*рем*	[完]	広げる, 敷く→простирати

прострети се -*рем*	[完] 広がる→простирати се
протерати -*рам*	[完] 追放する→протеривати
протеривати -*рујем*	[不完] 追放する→протерати
протест*	[男] 抗議
протестовати -*тујем*	[完/不完] 抗議する
протећи -*текнем*	[完] 流れる，過ぎる，経過する →протицати
против*	[前] кога/чега 〜に対して，反対して
противан	[形] 反対の
противити се -*вим*	[不完] 反対する→успротивити се
противник*	[男] 相手，敵
противречност	[女] 矛盾
протицати -*тичем*	[不完] 流れる，過ぎる，経過する →протећи
протумачити -*чим*	[完] 解釈する→тумачити
проћи* -*пођем*	[完] 通る，過ぎる，通過する，経つ→пролазити
проучавати -*вам*	[不完] 研究する→проучити
проучити -*чим*	[完] 研究する→проучавати
професионалан	[形] プロの，玄人の
професионалац	[男] プロ，玄人
професор*	[男] 教授，先生
профил	[男] 横顔
профит	[男] 利潤
процват	[女] 繁栄
процветати -*там*	[完] 咲く，栄える→цветати
процедура	[女] 手続き
процена	[女] 見積もり
проценити -*ним*	[完] 見積もる→процењивати
процент*	[男] パーセント

процењивати -њујем	[不完]	見積もる→проценити
процес*	[男]	過程；訴訟
прочитати* -там	[完]	読む→читати
прошетати се* -там	[完]	散歩する→шетати се
проширивати -рујем	[不完]	広げる，拡張する→проширити
проширити -рим	[完]	広げる，拡張する→проширивати
прошли	[形]	過去の
прошлост*	[女]	過去
прскати¹ -кам	[不完]	撒く，跳ねかす→попрскати
прскати² -кам	[不完]	弾ける→прснути
прслук	[男]	チョッキ
прснути -нем	[完]	弾ける→прскати
прст*	[男]	指
прстен*	[男]	指輪
пртљаг*	[男]	荷物(手荷物)
пруга*	[女]	縞；線路
пругаст	[形]	縞の
пружати* -жам	[不完]	伸ばす，差し出す→пружити
пружити* -жим	[完]	伸ばす，差し出す→пружати
психологија	[女]	心理
псовати -сујем	[不完]	罵る→опсовати
птица*	[女]	鳥
публика	[女]	観客，観衆
пудер	[男]	白粉
пуж	[男]	蝸牛
пузавица	[女]	蔓

пузити	[156]
пузити -зим	[不完] 這う
пуки	[形] 単なる
пукотина	[女] ひび,割れ目,隙間
пулс	[男] 脈
пумпа*	[女] ポンプ
пун*	[形] 一杯の,満員の
пунити -ним	[不完] 満たす,詰める→напунити
пунити се -ним	[不完] 満ちる→напунити се
пуно*	[副] 一杯,たっぷり
пупак	[男] 臍(へそ)
пупољак	[男] 蕾(つぼみ),芽
пуст	[形] 虚しい,寂しい
пустиња	[女] 沙漠
пустити* -тим	[完] 放す,出す,させる(許可)→пуштати
пустоловина	[女] 冒険
пут¹*	[男] 道,進路;旅,旅行
пут²*	[男] 〜回,度,倍
путер	[男] バター
путник*	[男] 旅人,旅行者,旅客,乗客
путовати* -тујем	[不完] 旅立つ,発つ→отпутовати;旅行する
пући пукнем	[完] 割れる,破裂する→пуцати
пуцати -цам	[不完] 割れる,破裂する→пући;撃つ
пучина	[女] 沖
пушити* -шим	[不完] 煙草を吸う→попушити
пушка*	[女] 鉄砲,銃
пуштати* -там	[不完] 放す,出す,させる(許可)→пустити
пчела*	[女] 蜜蜂

пшеница*　　　　　　　[女] 麦, 小麦

P, p

раван*　　　　　　　　[形] 平らな; 真直ぐな; 対等の
равница*　　　　　　　[女] 平野
равнодушан　　　　　　[形] 冷淡な, 平気な
равноправан*　　　　　[形] 平等な, 対等の
равноправност　　　　 [女] 平等
равнотежа　　　　　　[女] 釣合, バランス
рад*　　　　　　　　　[男] 働き, 労働, 作業, 細工, (複数)工事; 作品, 論文
ради　　　　　　　　　[前] кога/чега ～のために(目的)
радио*　　　　　　　　[男] ラジオ, 無線
радионица　　　　　　 [女] 作業場
радио-талас　　　　　 [男] 電波
радити* -дим　　　　　[不完] する→урадити; 働く, 労働する, 営業する
радник*　　　　　　　[男] 労働者(男), 工員
радница*　　　　　　　[女] 労働者(女), 女工
радња*　　　　　　　　[女] 店; 行為
радо*　　　　　　　　[副] 喜んで
радовати се* -дујем　　[不完] 喜ぶ→обрадовати се
радозналост　　　　　 [女] 好奇心
радост*　　　　　　　[女] 喜び
радостан　　　　　　　[形] 嬉しい, 目出度い
рађати* -ђам　　　　　[不完] 産む, 実る→родити

paђати се [158]

paђати се -ђам	[不完]	生まれる→родити се
разарати -рам	[不完]	破壊する→разорити
разбијати -бијам	[不完]	割る，砕く→разбити
разбијати се -бијам	[不完]	割れる，砕ける，分裂する →разбити се
разбити -бијем	[完]	割る，砕く→разбијати
разбити се -бијем	[完]	割れる，砕ける，分裂する →разбијати се
разбој	[男]	機(はた)
разбојник	[男]	強盗
развести се -ведем	[完]	離婚する→разводити се
развијати -јам	[不完]	開発する；現像する →развити
развијати се* -јам	[不完]	発展する，発達する →развити се
развитак	[男]	発達
развити -вијем	[完]	開発する；現像する →развијати
развити се* -вијем	[完]	発展する，発達する →развијати се
развод	[男]	離婚
разводити се -дим	[不完]	離婚する→развести се
развој*	[男]	発展
разгледница*	[女]	絵葉書
разговарати* -рам	[不完]	話し合う
разговор*	[男]	話し合い，会話，会談
раздобље	[中]	期間
разлика*	[女]	違い，相違，区別，差
разликовати -кујем	[不完]	区別する
разликовати се -кујем	[不完]	異なる，違う
различит*	[形]	異なった，違った；色々な

ракета

разлог*	[男] 理由，訳
размазити -зим	[完] 可愛がる，甘やかす→мазити
размак	[男] 間，間隔
разматрати -рам	[不完] 考慮する，檢討する，論じる →размотрити
размена*	[女] 交換
разменити -ним	[完] 換える，交換する →размењивати
размењивати -њујем	[不完] 換える，交換する →разменити
размер	[男] 割合，比率，比例；規模
размислити* -лим	[完] 考える，反省する →размишљати
размишљати* -љам	[不完] 考える，反省する →размислити
размотрити -рим	[完] 考慮する，檢討する，論じる →разматрати
разни*	[形] 種々の，様々な
разонода	[女] 娛樂
разорити -рим	[完] 破壊する→разарати
разочаран	[形] 失望した，がっかりした
разочарање	[中] 失望，幻滅
разред*	[男] 学年；等級
разредити -дим	[完] 薄める→разређивати
разређивати -ђујем	[不完] 薄める→разредити
разум*	[男] 理性，分別
разумевање	[中] 理解
разумети* -мем	[不完] 分かる，理解する，通じる
рај*	[男] 天国，極楽
рак*	[男] 海老，蟹；癌
ракета	[女] ロケット

ракија	[女] 酒(火酒)
рам	[男] 枠, 額
раме*	[中] 肩
рана*	[女] 傷, 負傷
ранац	[男] リュックサック, ランドセル
рани	[形] 早い
ранити -ним	[完] 傷付ける→рањавати
рано*	[副] 早く
рањавати -вам	[不完] 傷付ける→ранити
рањен	[形] 負傷した
раса*	[女] 人種
расвета	[女] 照明
расејан	[形] ぼんやりした(人)
раскидати -дам	[不完] 断つ, 解消する(関係)→раскинути
раскинути -нем	[完] 断つ, 解消する(関係)→раскидати
раскошан	[形] 豪華な, 華やかな
раскрсница	[女] 交差点, 十字路
распадати се -дам	[不完] 崩れる, 崩壊する→распасти се
распасти се -паднем	[完] 崩れる, 崩壊する→распадати се
расподела	[女] 分配
расположење	[中] 気分, 機嫌
распоред	[男] 割当; 時間割
расправа	[女] 議論
расправљати -љам	[不完] 議論する
распродаја	[女] 安売り
распуст*	[男] 休暇, 休み
распустити -тим	[完] 解散する→распуштати

распуштати -*там*	[不完] 解散する→распустити
раст*	[男] 成長, 発育; 身長
раставити -*вим*	[完] 分ける, 分解する →растављати
растављати -*љам*	[不完] 分ける, 分解する →раставити
растајати се -*јем*	[不完] 別れる→растати се
растанак*	[男] 別れ
растати се -*станем*	[完] 別れる→растајати се
растварати -*рам*	[不完] 溶かす→растворити
раствор	[男] 溶液
растворити -*рим*	[完] 溶かす→растварати
расти* -*стем*	[不完] 育つ, 伸びる, 成長する, 増大する→порасти
расход*	[男] 支出
рат*	[男] 戦争
ратник	[男] 武士
ратовати -*тујем*	[不完] 戦う, 戦争する
рационалан	[形] 合理的
рачун*	[男] 計算, 勘定, 口座
рачунар*	[男] 計算機
рачунати* -*нам*	[不完] 計算する→израчунати; на кога/што 当てにする
раширити -*рим*	[完] 広げる, 広める →ширити
раширити се -*рим*	[完] 広がる, 広まる, 膨らむ →ширити се
рвање	[中] レスリング, 相撲
рђа*	[女] 錆
рђав*	[形] 悪い
рђати -*ђам*	[不完] 錆びる→зарђати

реаговати [162]

реаговати -гујем	[完/不完] 反応する
реакција	[女] 反応, 反動
реалан*	[形] 現実の
реализовати -зујем	[完/不完] 実現する
реалност	[女] 現実
ребро	[中] 肋骨
револуција*	[女] 革命
регистрација	[女] 登録
регистровати -рујем	[完/不完] 登録する
регулисати -лишем	[完/不完] 調節する, 規制する
ред*	[男] 番; 秩序; 列, 行列, 行
редак* <рећи	[形] 稀な, 珍しい; 疎らな; 薄い(液体)
редован	[形] 定期的
редом	[副] 順々に
редослед	[男] 順序, 順番
ређати -ђам	[不完] 並べる→поређати
ређати се -ђам	[不完] 並ぶ→поређати се
режија	[女] 演出
режирати -рам	[完/不完] 演出する
режисер	[男] 演出家, 監督(映画)
резанац	[男] (複数) 麺
резерва	[女] 蓄え, 予備
резервација*	[女] 予約
резервисати -вишем	[完/不完] 予約する
резултат*	[男] 結果, 成績
река*	[女] 川
рекет	[男] ラケット
реклама*	[女] 広告
рекламирати -рам	[完/不完] 広告する
рекорд	[男] 記録

рибарство

ректор	[男] 総長, 学長
релативно	[副] 割に, 比較的
религија	[女] 宗教
ремек-дело	[中] 傑作, 名作
реметити -тим	[不完] 乱す→пореметити
реметити се -тим	[不完] 乱れる, 混乱する →пореметити се
ренде	[中] 鉋(かんな); おろし金
реп	[男] 尾, 尻尾
репа	[女] 蕪(かぶ)
република*	[女] 共和国
рерна	[女] 天火
ресторан*	[男] レストラン
ресурс	[男] 資源
ретко	[副] 滅多に
рећи* речем	[完] 言う→говорити
реформа	[女] 改革, 改良
реформисати -мишем	[完/不完] 改革する
рецепција*	[女] 受付, フロント(ホテル)
реч*	[女] 語, 単語, 言葉, 発言
реченица*	[女] 文
речник*	[男] 辞書, 辞典, 字引
речца	[女] 小詞, 助詞
решавати* -вам	[不完] 解く, 解決する→решити
решење*	[中] 解決, 解答
решетка	[女] 格子
решити* -шим	[完] 解く, 解決する→решавати
решо	[男] 電熱器
риба*	[女] 魚
рибар	[男] 漁師
рибарство	[中] 漁業

рибњак	[男] 池
риболов	[男] 漁
ригорозан	[形] 厳しい
ризик	[男] 危険, 冒険
ризичан	[形] 危険な
рикати *ричем*	[不完] 唸る, 吼える
ритам*	[男] リズム
роб*	[男] 奴隷(男)
роба*	[女] 商品, 品物, 貨物
робиња*	[女] 奴隷(女)
робот	[男] ロボット
ров	[男] 堀
рог	[男] 角
род	[男] 生まれ; 性(文法)
рода	[女] こうのとり
родбина	[女] (集合)親戚, 親類
родитељ*	[男] 親, (複数)父母
родити* *-дим*	[完] 産む, 実る→рађати
родити се *-дим*	[完] 生まれる→рађати се
рођак*	[男] 親戚(男)
рођака*	[女] 親戚(女)
рођендан	[男] 誕生日
рођење	[中] 誕生
роза	[形] (不変)薔薇色の
рок*	[男] 期限, 期日
ролетна	[女] 日除け
роман*	[男] 小説(長編)
ронити *-ним*	[不完] 潜る→заронити
роса	[女] 露
роква	[女] 蕪, 大根
рт	[男] 岬

ручак

руб	[男] 縁, 端
рубље*	[中] (集合)肌着, 下着
рубрика	[女] 欄
ругати се -гам	[不完] 嘲る
руда*	[女] 鉱石
рудар	[男] 坑夫
рударство	[中] 鉱業
рудник*	[男] 鉱山
руж	[男] 口紅
ружа*	[女] 薔薇
ружан*	[形] 醜い
ружичаст	[形] ピンクの, 薔薇色の
рука*	[女] 手, 腕
рукав	[男] 袖
рукавица*	[女] 手袋
руковати -кујем	[完/不完] ким/чим 扱う
руковати се* -кујем	[完/不完] 握手する
руководилац*	[男] 指導者, 幹部
руководити -дим	[不完] ким/чим 指導する
рукомет	[男] ハンドボール
рукопис	[男] 原稿; 筆跡
Румун	[男] ルーマニア人(男)
Румунија*	[女] ルーマニア
Румунка	[女] ルーマニア人(女)
румунски	[形] ルーマニアの
рупа*	[女] 穴, 隙
Рус*	[男] ロシア人(男)
Русија*	[女] ロシア
руски*	[形] ロシアの
Рускиња*	[女] ロシア人(女)
ручак*	[男] 昼食, 弁当, 食事

	[166]
ручати -*чам*	[完/不完] 昼食をとる、食事する(昼)
ручица	[女] 把手(とって)
рушевина	[女] 廃墟, 遺跡
рушити -*шим*	[不完] 崩す, 潰す, 倒す →срушити
рушити се -*шим*	[不完] 崩れる, 潰れる, 倒れる →срушити се

C, c

с, са*	[前] ким/чим 〜と(随伴); кога/чега 〜から(離脱)
сабирање	[中] 足し算
сабирати -*рам*	[不完] 纏める; 足す, 合計する →сабрати
сабља	[女] 剣
сабрати -*берем*	[完] 纏める; 足す, 合計する →сабирати
сав*	[代] 全て, 皆, (複数)全員 [形] 全ての, 全部の
савез*	[男] 同盟
савест*	[女] 良心
савестан*	[形] 良心的
савет*	[男] 助言, 忠告; 評議会
саветовати -*тујем*	[完/不完] 助言する, 忠告する
саветовати се -*тујем*	[完/不完] 相談する

савијати -*јам*	[不完]	曲げる, 折る, 巻く, 畳む →савити
савијати се -*јам*	[不完]	曲がる, 折れる, 反る →савити се
савити -*вијем*	[完]	曲げる, 折る, 巻く, 畳む →савијати
савити се -*вијем*	[完]	曲がる, 折れる, 反る →савијати се
савладавати -*вам*	[不完]	勝つ, 克服する →савладати
савладати -*дам*	[完]	勝つ, 克服する →савладавати
савремен*	[形]	現代の
савршен	[形]	完全な
сагињати -*њем*	[不完]	屈める→сагнути
сагињати се -*њем*	[不完]	屈む→сагнути се
сагласност	[女]	同意
сагнути -*нем*	[完]	屈める→сагињати
сагнути се -*нем*	[完]	屈む→сагињати се
сада*	[副]	今, 今度
садашњи*	[形]	今の, 現在の, 今度の
садашњост	[女]	現在
садити -*дим*	[不完]	植える→посадити
садница	[女]	苗
садржавати -*вам*	[不完]	含む→садржати
садржај*	[男]	内容; 目次
садржати -*жим*	[完]	含む→садржавати
садржина	[女]	内容, 中身
сажети -*жмем*	[完]	縮める, 要約する→сажимати
сажимати -*мам*	[不完]	縮める, 要約する→сажети
сазидати -*дам*	[完]	築く→зидати

сазнавати		[168]
сазнавати -најем	[不完]	知る→сазнати
сазнање	[中]	知識, 認識
сазнати -нам	[完]	知る→сазнавати
сазревати -вам	[不完]	熟す, 成熟する→сазрети
сазрети -рим	[完]	熟す, 成熟する→сазревати
сајам*	[男]	見本市
сако	[男]	上着(背広)
сакрити -ријем	[完]	隠す→крити
сакрити се -ријем	[完]	隠れる, 潜む→крити се
саксија	[女]	鉢, 植木鉢
сала*	[女]	講堂, 広間
салата*	[女]	サラダ
салвета	[女]	ナプキン
салон	[男]	客間, 応接間
сам*	[代]	自ら, 自身
	[形]	自分で, 独りで; 独りでに
самац	[男]	独り者, 独身(男)
самица	[女]	独り者, 独身(女)
самлети -мељем	[完]	碾く→млети
само*	[副]	ただ, たった, 〜だけ, のみ
самовољан	[形]	我儘な, 勝手な
самогласник	[男]	母音
самопослуга	[女]	スーパーマーケット
самопоуздање	[中]	自信
самосталан	[形]	自主的, 独立の
самоћа	[女]	孤独
самоубиство	[中]	自殺
самоуправа	[女]	自治
самоуправљање*	[中]	自主管理
сан*	[男]	夢, 眠り, 睡眠
сандук*	[男]	箱

санке*	[女複]	橇(そり)
сантиметар	[男]	センチ
сањати -њам	[不完]	夢を見る
саобраћај*	[男]	交通
саопштавати -вам	[不完]	告げる，発表する →саопштити
саопштење	[中]	発表
саопштити -тим	[完]	告げる，発表する →саопштавати
сапун*	[男]	石鹸
сарадња*	[女]	協力
сарађивати* -ђујем	[不完]	協力する
сардина	[女]	鰯(いわし)
сасвим*	[副]	全く，すっかり
састав	[男]	構成; 作文
саставити -вим	[完]	組む，合わせる，組み立てる，構成する→састављати
састављати -љам	[不完]	組む，合わせる，組み立てる，構成する→саставити
састајати се -јем	[不完]	会う→састати се
састанак*	[男]	会，会議，会合，デート
састати се -станем	[完]	会う→састајати се
састојак	[男]	成分
састојати се -јим	[不完]	成る，成り立つ
сат*	[男]	〜時; 時間，時刻; 時計
сатана	[男/女]	悪魔，魔王
сателит	[男]	衛星
саткати -кам	[完]	織る→ткати
Сатурн	[男]	土星
сахрана*	[女]	葬式，埋葬

сахранити	[170]
сахранити -ним	[完] 葬る, 埋葬する →сахрањивати
сахрањивати -њујем	[不完] 葬る, 埋葬する →сахранити
сачекати -кам	[完] 待つ, 待ち受ける →сачекивати
сачекивати -кујем	[不完] 待つ, 待ち受ける →сачекати
сачинити -ним	[完] 成す, 作る→сачињавати
сачињавати -вам	[不完] 成す, 作る→сачинити
сачувати* -вам	[完] 守る, 保存する→чувати
сашити -шијем	[完] 縫う→шити
свадба*	[女] 結婚式
свађа*	[女] 喧嘩
свађати се -ђам	[不完] 喧嘩する→посвађати се
свакако*	[副] 勿論, ぜひ, ともかく
сваки*	[代] 夫々の, あらゆる
свако	[代] 夫々, 誰でも
свашта	[代] 何でも
све*	[副] ずっと(時間); (比較級と)ますます
свега*	[副] 全部で
сведок	[男] 証人
сведочанство	[中] 証言; 証書
сведочити -чим	[完/不完] 証言する
свеж*	[形] 新鮮な; 涼しい, 爽やかな
свеза	[女] 接続詞
свекар	[男] 舅(しゅうと)
свекрва	[女] 姑(しゅうとめ)
свемир	[男] 宇宙
свеска*	[女] 帳面, ノート

сврха

свест*	[女] 意識
свет¹*	[男] 世界, 世, 世の中
свет²	[形] 神聖な
светао	[形] 明るい, 薄い(色)
светионик	[男] 灯台
светлети -лим	[不完] 光る
светло*	[中] 光, 明かり, 灯, 電灯
светлост	[女] 光
свећа*	[女] 蝋燭
свечан	[形] 厳かな
свечаност	[女] 式, 儀式
свештеник	[男] 僧
свидети се* -дим	[完] коме 気に入る→свиђати се
свиђати се* -ђам	[不完] коме 気に入る →свидети се
свила*	[女] 絹
свилен	[形] 絹の
свиња*	[女] 豚
свињетина	[女] 豚肉
свирати -рам	[不完] 弾く, 演奏する→одсвирати
свитац	[男] 蛍
свлачити -чим	[不完] 脱ぐ; 脱がす→свући
свлачити се -чим	[不完] 脱ぐ→свући се
свој	[代] 自分の
својина	[女] 所有
својствен	[形] 特有の, 固有の
својство	[中] 特色, 性質
свраб	[男] 痒み
сврбети -би	[不完] кога 痒い
сврдло	[中] 錐
сврха*	[女] 目的

свугде	[副] どこでも，一面
свуда*	[副] どこでも，一面，方々
свући -вучем	[完] 脱ぐ; 脱がす→свлачити
свући се -вучем	[完] 脱ぐ→свлачити се
себе	[代](再帰)自分，自身，自己
себичан*	[形] 利己的，我儘な
север*	[男] 北
северни*	[形] 北の
сед <céħu	[形] 白髪の
седам*	[数] 七，七つ
седамдесет*	[数] 七十
седамнаест*	[数] 十七
седамсто*	[数] 七百
седати* -дам	[不完] 座る，腰掛ける，着席する →сести
седети* -дим	[不完] 座る(状態)
седиште*	[中] 座席，席
седло	[中] 鞍
седми*	[数] 第七の，七番の; 七日
седница*	[女] 会議
сезам	[男] 胡麻
сезона*	[女] 季節，シーズン
сејати -jeм	[不完] 蒔く→посејати
секира	[女] 斧
секирати се -рам	[不完] 心配する
секретар*	[男] 秘書(男)，書記
секретарица*	[女] 秘書(女)
секс	[男] 性，セックス
сектор	[男] 部，部門
секунд*	[男] 秒
секција	[女] 部

селидба	[女] 引越し
селити се -лим	[不完] 引っ越す→преселити се
село*	[中] 村, 農村, 田舎
сељак*	[男] 農夫, 農民, 百姓
сељанка*	[女] 農婦
сем	[前] кога/чега 〜の外に
семафор*	[男] 信号
семе*	[中] 種
семестар	[男] 学期
сенка*	[女] 影
сено*	[中] 干草
сенф	[男] からし
сеоба	[女] 移住
септембар*	[男] 九月
сервис*	[男] 修理(店); セット, 一式(食器)
серија*	[女] 連続, シリーズ
сести* седнем	[完] 座る, 腰掛ける, 着席する →седати
сестра*	[女] 姉, 妹, 従姉妹, (複数)姉妹; медицинска с— 看護婦
сетити се* -тим	[完] кога/чега 思い出す →сећати се
сећање	[中] 思い出
сећати се* -ћам	[不完] кога/чега 思い出す →сетити се
сећи* сечем	[不完] 切る→посећи; 切る, 切り抜く→исећи
сецкати -кам	[不完] 刻む→исецкати
сечиво	[中] 刃
сив* <сивљи	[形] 灰色の, 鼠色の
сигнал	[男] 信号

сигуран	[174]

сигуран*	[形] 確かな, 確実な, 安全な
сигурно	[副] 必ず, きっと
сидро	[中] 錨(いかり)
сијалица*	[女] 電球
сијати -jам	[不完] 光る, 輝く, 照る
сила	[女] 力, 勢力
силазити* -зим	[不完] 降りる, 下る→сићи
силан	[形] 強い, 強力な, 強烈な
силовати -лујем	[不完] 乱暴する, 犯す
силом	[副] 無理に
симбол	[男] 象徴, 記号
симптом	[男] 症状
син*	[男] 息子, 坊や
синдикат*	[男] 組合(労組)
синоћ	[副] 昨夜, 昨晩
сипати -пам	[不完] 注ぐ
сир*	[男] チーズ
сирена	[女] サイレン
сиров	[形] 生の
сировина*	[女] 原料
сиромах	[男] 貧乏人
сиромашан*	[形] 貧しい, 貧乏な, 乏しい
сиромаштво	[中] 貧乏, 貧困
сирће*	[中] 酢
сиса	[女] 乳房
сисати -сам	[不完] 吸う, しゃぶる
систем*	[男] 制度, 体系
сит*	[形] 満腹の, 飽きた
ситан*	[形] 細かい, 些細な
ситуација*	[女] 事態, 状況, 情勢
сићи* сиђем	[完] 降りる, 下る→силазити

скоро

сјај	[男] 輝き, 艶
сјајан	[形] 見事な, 鮮やかな
сказаљка	[女] 針(時計)
скакавац	[男] 飛蝗(ばった)
скакати *скачем*	[不完] 跳ぶ, 跳ねる, 弾む →скочити
скидати* *-дам*	[不完] 脱ぐ, 脱がす, 剥がす; 降ろす, 外す →скинути
скидати се *-дам*	[不完] 脱ぐ, 剥げる →скинути се
скија	[女] (複数)スキー(板)
скијање	[中] スキー
скинути* *-нем*	[完] 脱ぐ, 脱がす, 剥がす; 降ろす, 外す →скидати
скинути се *-нем*	[完] 脱ぐ, 剥げる →скидати се
скица	[女] 写生; 下書き
склад	[男] 調和
складан	[形] 調和した, 整った
складиште*	[中] 倉庫
склањати *-њам*	[不完] 仕舞う, どける →склонити
склањати се *-њам*	[不完] どく, 隠れる →склонити се
склапати *-пам*	[不完] 組み立てる; 結ぶ(契約) →склопити
склон	[形] 好む, 〜し易い
склонити *-ним*	[完] 仕舞う, どける →склањати
склонити се *-ним*	[完] どく, 隠れる →склањати се
склоност	[女] 癖, 好み, 傾向
склопити *-пим*	[完] 組み立てる; 結ぶ(契約) →склапати
скок	[男] 飛躍, 跳躍
скорашњи	[形] 最近の
скоро*	[副] 最近, 近く; ほとんど

скочити -чим	[完] 跳ぶ，跳ねる，弾む →скакати
скратити -тим	[完] 縮める，短くする，省く，省略する→скраћивати
скраћеница	[女] 略号
скраћивати -ћујем	[不完] 縮める，短くする，省く，省略する→скратити
скренути -нем	[完] 曲がる，外れる→скретати
скретати -рећем	[不完] 曲がる，外れる→скренути
скроз	[副] ずっと，すっかり
скроман	[形] 謙虚な；質素な，地味な；粗末な，つまらない
скувати* -вам	[完] 煮る，炊く，沸かす，料理する→кувати
скулптура	[女] 彫刻
скуп[1]	[男] 集まり，集会，集合
скуп[2]* <скупљи	[形] 高い，高価な
скупа*	[副] 全部で，一緒に
скупити -пим	[完] 集める→скупљати
скупити се -пим	[完] 集まる，揃う；縮む →скупљати се
скупљати -љам	[不完] 集める→скупити
скупљати се -љам	[不完] 集まる，揃う；縮む →скупити се
скупштина*	[女] 議会，総会
скут	[男] 裾
скуша*	[女] 鯖
слаб*	[形] 弱い，微かな
слабити -бим	[不完] 弱める；弱まる，衰える，痩せる→ослабити
слабост*	[女] 弱味，弱点

слава	[女]	栄光, 名声
славан	[形]	栄光の, 有名な
славина	[女]	蛇口, 栓(水道)
славити -вим	[不完]	祝う, 祭る→прославити; 称える
славуj	[男]	鶯
слагати¹ -лажем	[不完]	重ねる, 構成する→сложити
слагати² -лажем	[完]	嘘をつく, 偽る→лагати
слагати се -лажем	[不完]	賛成する→сложити се; 合う
сладак* <слађи	[形]	甘い; 可愛い
сладолед	[男]	アイスクリーム
слама*	[女]	藁
сламати -мам	[不完]	折る, 割る→сломити
сламати се -мам	[不完]	折れる, 割れる →сломити се
слан*	[形]	辛い, 塩辛い
сланина	[女]	ベーコン
слати* шаљем	[不完]	送る, 派遣する→послати
следети -дим	[不完]	次ぐ, 続く
следећи*	[形]	次の
слеп*	[形]	盲目の, 盲の
слепоочница	[女]	こめかみ
слетати -лећем	[不完]	飛び下りる, 着陸する →слетети
слетети -тим	[完]	飛び下りる, 着陸する →слетати
слика*	[女]	絵, 写真, イメージ
сликар	[男]	画家
сликарство	[中]	絵画

сликати	
сликати -*кам*	[不完] 画く，描く→насликати；写す
сликовница	[女] 絵本
сличан*	[形] 似た，類似の，同様の
слобода*	[女] 自由
слободан*	[形] 自由な；空いている
Словен*	[女] スラブ人
Словенац*	[男] スロベニア人(男)
словеначки*	[女] スロベニアの
Словенија*	[女] スロベニア
Словенка*	[女] スロベニア人(女)
слово*	[中] 字，文字
слог	[男] 活字；音節
слога	[女] 和，調和
сложен	[形] 複雑な
сложити -*жим*	[完] 重ねる，構成する→слагати
сложити се -*жим*	[完] 賛成する→слагати се
слој	[男] 層
сломити -*мим*	[完] 折る，割る→сламати
сломити се -*мим*	[完] 折れる，割れる→сламати се
слон*	[男] 象
слуга	[男] 召使
служба	[女] 勤め，勤務，公務
службен	[形] 公式の，公務の
службеник*	[男] 事務員，職員(男)
службеница*	[女] 事務員，職員(女)
служити* -*жим*	[不完] 勤める，仕える
служити се* -*жим*	[不完] ким/чим 使う →послужити се
слутити -*тим*	[不完] 予感する→наслутити
слутња	[女] 予感

[179] сместити се

слух	[男] 聴覚
случај*	[男] 場合; 事件; 偶然
случајан*	[形] 偶然の
случајно	[副] ふと, たまたま
слушалица	[女] 受話器
слушати* -шам	[不完] 聞く, 従う→послушати; 聴く
смањивати* -њујем	[不完] 減らす, 縮める→смањити
смањивати се -њујем	[不完] 減る, 減少する, 縮む →смањити се
смањити* -њим	[完] 減らす, 縮める→смањивати
смањити се -њим	[完] 減る, 減少する, 縮む →смањивати се
сматрати* -рам	[不完] 考える, 見なす
смеђ*	[形] 茶色の
смејати се* -јем	[不完] 笑う→насмејати се
смена	[女] 交替
сменити -ним	[完] 代える→смењивати
сменити се -ним	[完] 代わる, 交替する →смењивати се
смењивати -њујем	[不完] 代える→сменити
смењивати се -њујем	[不完] 代わる, 交替する →сменити се
смео	[形] 大胆な
смер	[男] 方向, 針路
смерница	[女] 方針
сместа	[副] 即座に, 直ちに
сместити -тим	[完] 収める, 収容する →смештати
сместити се -тим	[完] 収まる, 落ち着く(居所) →смештати се

сметати	[180]
сметати* -*там*	[不完] 邪魔する
смети* -*мем*	[不完] できる(許可), 敢えて〜する
сметња	[女] 邪魔, 障害, 差し支え
смеће	[中] 塵芥
смех*	[男] 笑い
смешан	[形] おかしい
смештати -*там*	[不完] 収める, 収容する →сместити
смештати се -*там*	[不完] 収まる, 落ち着く(居所) →сместити се
смиривати -*рујем*	[不完] 静める, 宥める→смирити
смиривати се -*рујем*	[不完] 静まる, 落ち着く, 収まる →смирити се
смирити -*рим*	[完] 静める, 宥める→смиривати
смирити се -*рим*	[完] 静まる, 落ち着く, 収まる →смиривати се
смисао*	[男] 意味, 意義, 趣旨
смоква*	[女] 無花果(いちじく)
смрад	[男] 臭い(にお)
смрдети -*дим*	[不完] 臭う, 臭い(くさ)
смрдљив	[形] 臭い(くさ)
смрзавати се -*вам*	[不完] 凍える→смрзнути се
смрзнути се -*нем*	[完] 凍える→смрзавати се
смрт*	[女] 死
снабдевати -*вам*	[不完] кога чим 供給する
снага*	[女] 力, 勢力, 勢い, 精力
снажан*	[形] 強い, 強力な, 逞しい
сналазити се -*зим*	[不完] 慣れる, 切り抜ける →снаћи се
снаћи се -*нађем*	[完] 慣れる, 切り抜ける →сналазити се

снаха	[女] 嫁
снег*	[男] 雪
снижавати -вам	[不完] 下げる→снизити
снизити -зим	[完] 下げる→снижавати
снимак	[男] 写真, 映像, 録音
снимати -мам	[不完] 撮る, 撮影する, 録音する →снимити
снимити -мим	[完] 撮る, 撮影する, 録音する →снимати
сноп	[男] 束
сносити -сим	[不完] 負う, 負担する
со*	[女] 塩
соба*	[女] 部屋
сова	[女] 梟
соја	[女] 大豆
сок*	[男] ジュース, 汁
соко*	[男] 隼, 鷹(総称)
солидан	[形] 堅実な, 丈夫な
солидарност	[女] 連帯
сом	[男] 鯰
сопствен	[形] 自分の, 固有の
сос	[男] ソース
социјалан	[形] 社会的
социјализам*	[男] 社会主義
социјалиста	[男] 社会主義者
социологија	[女] 社会学
сочиво*	[女] レンズ
спавати* -вам	[不完] 寝る, 眠る
спадати -дам	[不完] у кога/шта 属する
спајати -јам	[不完] 結ぶ, 接続する, 兼ねる →спојити

спаковати	[182]
спаковати -кујем	[完] 包む，荷造りする→паковати
спалити -лим	[完] 焼く，燃やす→спаљивати
спаљивати -љујем	[不完] 焼く，燃やす→спалити
спанаћ*	[女] ほうれん草
спас	[男] 救い
спасти -сем	[完] 救う，救助する，助ける→спашавати
спасти се -сем	[完] 助かる→спашавати се
спашавати -вам	[不完] 救う，救助する，助ける→спасти
спашавати се -вам	[不完] 助かる→спасти се
специјалан	[形] 特別の，特殊な
спикер	[男] アナウンサー
списак*	[男] 表，名簿
сплав	[男] 筏(いかだ)
спој	[男] 接続
спојити -јим	[完] 結ぶ，接続する，兼ねる→спајати
спокојан	[形] 安らかな，安心な
споља*	[副] 外から，外部から
спољни	[形] 外の，外部の
споменик*	[男] 碑，記念碑
спонтан	[形] 自然な
спор¹	[男] 争い，争議
спор²*	[形] のろい，遅い
споразум*	[男] 協定，合意
споредан	[形] 脇の，横の
спорт*	[男] スポーツ，運動
способан*	[形] 有能な，できる
способност	[女] 能力
спотаћи се -такнем	[完] つまずく→спотицати се

сребрн

спотицати се -тичем	[不完] つまずく→спотаћи се
спрат	[男] 階
спреда	[副] 前に
спреман	[形] 用意ができた，覚悟ができた
спремати* -мам	[不完] 用意する，準備する，掃除する→спремити
спремати се -мам	[不完] 支度する，備える→спремити се
спремити* -мим	[完] 用意する，準備する，掃除する→спремати
спремити се* -мим	[完] 支度する，備える→спремати се
спремност	[女] 用意，覚悟
спретан	[形] 巧みな，器用な
спречавати -вам	[不完] 阻む，防ぐ→спречити
спречити -чим	[完] 阻む，防ぐ→спречавати
спровести -ведем	[完] 実施する→спроводити
спроводити -дим	[不完] 実施する→спровести
спустити -тим	[完] 下ろす，下げる→спуштати
спустити се -тим	[完] 下りる，下がる→спуштати се
спуштати -там	[不完] 下ろす，下げる→спустити
спуштати се -там	[不完] 下りる，下がる→спустити се
сраман	[形] 恥ずかしい
срамота*	[女] 恥，不名誉
срамотан	[形] 恥ずかしい
Србија*	[女] セルビア
Србин*	[男] セルビア人(男)
срдачан	[形] 心からの
сребрн	[形] 銀の

сребро	[184]

сребро*	[中] 銀
среда*	[女] 水曜日
средина*	[女] 中央, 真中, 中間; 環境
средити -дим	[完] 整える, 片付ける→срећивати
средишњи	[形] 中心の
средиште	[中] 中心
средњи*	[形] 中央の, 中間の
средство*	[中] 手段, (複数)資金
срећивати -ћујем	[不完] 整える, 片付ける→средити
срести -ретнем	[完] 会う→сретати
сретати -рећем	[不完] 会う→срести
срећа*	[女] 仕合せ, 幸い, 幸福, 幸運
срећан*	[形] 仕合せな, 幸福な, 幸運な
Српкиња*	[女] セルビア人(女)
српски*	[形] セルビアの
срушити -шим	[完] 崩す, 潰す, 倒す→рушити
срушити се -шим	[完] 崩れる, 潰れる, 倒れる →рушити се
срце*	[中] 心臓; 心
стабилан	[形] 安定した
стабло	[中] 幹, 木
стабљика	[女] 茎
став	[男] 姿勢, 態度, 立場
ставити* -вим	[完] 置く, 載せる, 被る, 入れる, 付ける→стављати
стављати* -љам	[不完] 置く, 載せる, 被る, 入れる, 付ける→ставити
стадион*	[男] 競技場
стадо	[中] 群れ(家畜)
стаж	[男] 経歴
стаза	[女] 道, 小道

стајати[1]* -јем	[不完]	立つ，載る；止む，止まる；掛かる(費用)→стати
стајати[2]* -тојим	[不完]	立つ(状態)，佇む；似合う
стакло*	[中]	ガラス
сталак	[男]	台
сталан*	[形]	一定の，不変の，常設の
стално	[副]	始終
стан*	[男]	住宅，住まい，アパート
станарина	[女]	家賃
стандард	[男]	標準，基準
станица*	[女]	駅，停留所
становати -нујем	[不完]	住む
становник	[男]	住民
становништво	[中]	人口，住民
стање*	[中]	状態，具合，様子
стар*	[形]	古い；年寄りの
старац	[男]	年寄り(男)，老人，お爺さん
старица	[女]	年寄り(女)，老女，お婆さん
старт	[男]	スタート
стас	[男]	姿，体格
стати* станем	[完]	立つ，載る；止む，止まる；掛かる(費用)→стајати
статистика*	[女]	統計
ствар*	[女]	物，事
стваралаштво	[中]	創造，創作
стваран*	[形]	現実の，実際の，本当の
стварати -рам	[不完]	創る，作り出す，創造する→створити
стварност*	[女]	現実
створити -рим	[完]	創る，作り出す，創造する→стварати

стегнути -нем	[完] 締める，引き締める →стезати
стегнути се -нем	[完] 締まる→стезати се
стезати -тежем	[不完] 締める，引き締める →стегнути
стезати се -тежем	[不完] 締まる→стегнути се
стена*	[女] 岩
стењати -њем	[不完] 呻く
степен*	[男] 度，段，段階，程度
степеница*	[女] 段，(複数)階段
степениште	[中] 階段
стећи -текнем	[完] 得る，獲得する→стицати
стид	[男] 恥
стидети се -дим	[不完] 恥じる，恥ずかしい →постидети се
стидљив	[形] 恥ずかしがりの，内気な
стизати* -тижем	[不完] 着く，届く，追い付く，間に合う→стићи
стил*	[男] 様式
стипендија	[女] 奨学金
стискати -кам	[不完] 握る，圧す→стиснути
стиснути -нем	[完] 握る，圧す→стискати
стићи* -тигнем	[完] 着く，届く，追い付く，間に合う→стизати
стих	[男] 韻文，詩，句
стицати -тичем	[不完] 得る，獲得する→стећи
сто^1*	[数] 百
сто^2*	[男] 机，テーブル
стога	[副] それ故，従って
стока*	[女] 家畜
столар	[男] 大工

столеће	[中]	世紀
столица*	[女]	椅子, 腰掛け; 大便
стомак*	[男]	腹, お腹
стопа	[女]	率
стопало	[中]	足(足首から下)
стоти*	[数]	百番の
стотина	[女]	百
сточарство	[中]	畜産, 牧畜
стража	[女]	番, 見張り
стран*	[形]	余所の, 外国の
страна*	[女]	側, 面, 方面; 頁
странац*	[男]	外国人(男), 他人
страница	[女]	頁
странка	[女]	党, 政党
страникња*	[女]	外国人(女)
страст*	[女]	情熱
стратегија	[女]	戦略
страх*	[男]	恐怖
страшан*	[形]	怖い, 恐ろしい, 凄い
страшило	[中]	案山子
стрела	[女]	矢
стрелица	[女]	矢印
стрељати -љам	[完/不完]	射る, 撃つ
стреха	[女]	軒, 庇
стрина*	[女]	伯母, 叔母(父の兄弟の妻)
стриц*	[男]	伯父, 叔父(父の兄弟)
стрм	[形]	険しい, 急な
строг* <строжи	[形]	厳しい, 厳格な, 厳重な
стрпљење	[中]	我慢, 忍耐, 辛抱
стрпљив	[形]	我慢強い
струг	[男]	鉋

стругати	[188]
стругати -ружем	[不完] 削る
струја	[女] 流れ, 潮流, 電流, 電気
струк	[男] ウエスト
струка	[女] 専門
структура	[女] 構造
стручан	[形] 専門の
стручњак*	[男] 専門家
стуб*	[男] 柱
студент*	[男] 学生(男), 大学生
студенткиња*	[女] 学生(女)
студија	[女] 研究, 勉強; 書斎
студирати* -рам	[不完] 研究する, 勉強する(大学)
ступати -пам	[不完] 歩む, 入る→ступити
ступити -пим	[完] 歩む, 入る→ступати
субјективан	[形] 主観的
субота*	[女] 土曜日
сув* <сувљи	[形] 乾いた; 痩せた
сувенир	[男] 土産
сувишан	[形] 余分な, 余計な
сувише*	[副] 余りに, 〜過ぎる
сугласник	[男] 子音
суд¹*	[男] 判断; 裁判所, 法廷
суд²	[男] 器, 食器
judar	[男] 衝突
сударати се -рам	[不完] ぶつかる, 衝突する →сударити се
сударити се -рим	[完] ぶつかる, 衝突する →сударати се
судбина*	[女] 運命, 運
судија*	[男] 裁判官, 判事, 審判
судити -дим	[不完] 判断する, 察する; 裁く

суседство

судопер	[男] 流し
суђење	[中] 裁判
сужавати -вам	[不完] 狭める→сузити
суза*	[女] 涙
сузбијати -јам	[不完] 抑える→сузбити
сузбити -бијем	[完] 抑える→сузбијати
сузити -зим	[完] 狭める→сужавати
сујеверје	[中] 迷信
сујета	[女] 自惚れ
сукња*	[女] スカート
сукоб	[男] 争い, 紛争
сукобити се -бим	[完] 争う→сукобљавати се
сукобљавати се -вам	[不完] 争う→сукобити се
сума	[女] 金額, 総計, 合計
сумња*	[女] 疑い, 疑問
сумњати* -њам	[不完] 疑う, 怪しむ→посумњати
сумњив	[形] 疑わしい, 怪しい
сумрак	[男] 夕暮れ, 黄昏
сунђер	[男] スポンジ
сунце*	[中] 日; C- 太陽
сунцобран	[男] 日傘
сунцокрет*	[男] 向日葵
сунчан	[形] 晴れた
супа*	[女] スープ
супротан	[形] 反対の
супротност	[女] 対立
супруг*	[男] 夫, ご主人
супруга*	[女] 妻, 奥さん
суров	[形] 厳しい, 冷酷な
сусед	[男] 隣(人)
суседство	[中] 近所

сусрести -*ретнем*	[完] 出会う→сусретати
сусрет	[男] 出会い；対戦
сусретати -*рећем*	[不完] 出会う→сусрести
сутра*	[副] 明日
сутрадан*	[副] 翌日
сутрашњи	[形] 明日の
суша	[女] 旱魃
сушити -*шим*	[不完] 干す，乾かす→осушити
сушити се -*шим*	[不完] 乾く→осушити се
суштина	[女] 本質，要点
схватити -*тим*	[完] 分かる，悟る，理解する →схваћати
схваћати -*ћам*	[不完] 分かる，悟る，理解する →схватити
сцена*	[女] 舞台，場面，光景
сценарио	[男] 脚本

Т, т

табела*	[女] 表
табла*	[女] 板，黒板
таван	[男] 屋根裏
таваница	[女] 天井
тада*	[副] その時，当時
тадашњи*	[形] 当時の
тај*	[代] その
тајна*	[女] 秘密，内緒

твор

тајни	[形]	秘密の
такав	[代]	そのような，そんな
такмичење	[中]	競争，競技
такмичити се -чим	[不完]	競争する
тако	[副]	そのように，そう
такође*	[副]	また
такозвани	[形]	いわゆる
такса*	[女]	税
такси*	[男]	タクシー
тактика	[女]	戦術
талас*	[男]	波
талац	[男]	人質
талент*	[男]	才能
талентован	[形]	才能ある
тама	[女]	闇，暗黒
таман¹	[形]	暗い；濃い(色)
таман²	[副]	ちょうど
тамница	[女]	牢屋
тамо*	[副]	そこ，あそこ，向こう
тамошњи	[形]	向こうの
танак* <тањи	[形]	薄い，細い
тањир*	[男]	皿
тарифа	[女]	料金
тата	[男]	パパ
тацна	[女]	受け皿
тачан*	[形]	正しい，正確な
тачка*	[女]	点，終止符；項目
тачно	[副]	ちょうど
ташна*	[女]	ハンドバック，鞄(手提げ)
твој*	[代]	お前の，君の
твор	[男]	鼬(いたち)

тврд* <тврђи	[形] 固い
тврдити -дим	[不完] 主張する
тврдоглав	[形] 頑固な
тврдоћа	[女] 固さ，硬度
тврђава*	[女] 城，砦
те	[接] そして
театар	[男] 演劇
тегет	[形] (不変) 紺の
тегла	[女] 壜
тежа	[女] 重力，引力
тежак* <тежи	[形] 重い; 難しい, 困難な, 苦しい, 面倒な
тежина*	[女] 重さ，目方，重量，体重
тежиште	[中] 重心，重点
тек	[副] やっと，つい
текст	[男] 本文，文章
текстил*	[男] 繊維，織物
теле* телићи	[中] 牛(子)，子牛
телевизија*	[女] テレビ
телевизор	[男] テレビ (受像機)
телеграм*	[男] 電報
телеграф	[男] 電信
телескоп	[男] 望遠鏡
телефон*	[男] 電話
телефонирати -рам	[完/不完] 電話する
тело*	[中] 体，身体，肉体; 物体; чврсто т— 固体
тема	[女] テーマ，主題
темељ*	[男] 土台，基礎
температура*	[女] 温度，気温，体温，熱
темпо	[男] テンポ，調子

тигањ

тенденција	[女] 傾向
тенис	[男] テニス; стони т— 卓球
тенк	[男] 戦車
теорија*	[女] 理論, 説
тепих*	[男] 絨毯
тераса	[女] テラス, バルコニー
терати -рам	[不完] 追い込む, させる(強制) →натерати
терен*	[男] 土地; 現場; 運動場
терет*	[男] 荷物, 貨物; 重荷, 負担
територија*	[女] 領土
термин	[男] 期間; 術語
термометар	[男] 寒暖計
термос	[男] 魔法瓶
тесан* <*тешњи*	[形] 狭い, きつい, 窮屈な
теснац	[男] 海峡
тест	[男] テスト
тестамент	[男] 遺言, 遺書
тестера	[女] 鋸(のこぎり)
тетка*	[女] 伯母, 叔母; 小母さん
тећи* *течем*	[不完] 流れる
техника*	[女] 技術, 技
техничар	[男] 技術者
технологија	[女] 技術, 工学
теча*	[男] 伯父, 叔父(伯母/叔母の夫)
течај	[男] 講座
течност	[女] 液, 液体
тешити -*шим*	[不完] 慰める→утешити
тешкоћа	[女] 困難
ти*	[代] お前, 君
тигањ	[男] フライパン

тигар	
тигар*	[男] 虎
тиква	[女] 瓜
тим	[男] チーム
тип*	[男] タイプ, 型
типичан*	[形] 典型的
титула	[女] 肩書き
тих* <*тиши*	[形] 静かな, 大人しい
тицати се *тичем*	[不完] кога/чега 関する
тишина*	[女] 静けさ, 静寂
тканина	[女] 布, 織物
ткати *-кам*	[不完] 織る→саткати
тло*	[中] 土, 地面
то	[代] それ
тоалет*	[男] トイレ, 手洗い, 洗面所
ток*	[男] 流れ, 経過
толики	[代] それほどの
толико	[副] それほど, そんなに, 大して
том	[男] 巻
тон	[男] 音色, 口調, 調子
тона	[女] トン
тонути *-нем*	[不完] 沈む→потонути
топ*	[男] 大砲
топао*	[形] 温かい, 熱い
топити *-пим*	[不完] 溶かす→истопити
топити се *-пим*	[不完] 溶ける→истопити се
топломер	[男] 体温計
топлота*	[女] 熱
топола	[女] ポプラ
торањ	[男] 塔
торба*	[女] 鞄, 袋
торта*	[女] ケーキ

[195] трепнути

точак*	[男] 車, 車輪
трава*	[女] 草, 芝生
траг	[男] 跡, 名残
трагедија	[女] 悲劇
трагичан	[形] 悲劇的, 悲惨な
традиција*	[女] 伝統
тражити* -жим	[不完] 探す→потражити; 求める→затражити
тражња	[女] 需要
трајан	[形] 永久の
трајати* -јем	[不完] 続く; 持つ, 長持ちする →потрајати
трака	[女] テープ
трактор	[男] トラクター
трамвај*	[男] 電車(路面), 市電
транспорт	[男] 輸送, 運輸
трбух	[男] 腹
трг*	[男] 広場
трговати -гујем	[不完] чим 商う, 商売する
трговац*	[男] 商人
трговина*	[女] 商業, 商売, 商店; спољна т— 貿易
требати* -ба	[不完] (無人)～すべきだ, する筈だ; 要る
тренер	[男] 監督, コーチ
тренинг	[男] 練習
тренирати -рам	[不完] 練習する
тренутак*	[男] 瞬間, 一瞬
тренутан	[形] 咄嗟の, 一瞬の, 一時の
трепавица	[女] 睫毛(まつげ)
трепнути -нем	[完] 瞬(またた)く, まばたく→трептати

трептати	[196]

трептати -*пћем*	[不完] 瞬く, まばたく→трпнути
трести се -*сем*	[不完] 揺れる, 震える
третирати -*рам*	[完/不完] 取り扱う
трећи*	[数] 第三の, 三番の; 三日
трећина	[女] 三分の一
трешња*	[女] 桜, さくらんぼう
тржиште*	[中] 市場
тржница	[女] 市場
три*	[数] 三, 三つ
тридесет*	[数] 三十
тринаест*	[数] 十三
триста*	[数] 三百
трка	[女] 競走
трљати -*љам*	[不完] 擦る, 揉む→истрљати
трн	[男] 刺
трнути -*нем*	[不完] 痺れる→утрнути
тровање	[中] 中毒
тротоар	[男] 歩道
троугао*	[男] 三角
трошак	[男] (複数)費用, 経費
трошити -*шим*	[不完] 消費する, 費やす →потрошити
трпеза	[女] 食卓
трпезарија	[女] 食堂
трпети -*пим*	[不完] 我慢する
трска	[女] 葦
труба	[女] ラッパ
труд*	[男] 努力
трудити се* -*дим*	[不完] 努める, 努力する →потрудити се
трудница	[女] 妊婦

трудноћа	[女] 妊娠
труп	[男] 胴, 胴体
трупа	[女] 部隊, 一座
трчати* -чим	[不完] 走る, 駆ける→потрчати
ту*	[副] ここ, そこ
туберкулоза	[女] 結核
туга*	[女] 悲しみ
туговати -гујем	[不完] 悲しむ
туда	[副] そちらへ
туђ	[形] 余所の, 他人の
тужан*	[形] 悲しい, 可哀相な
тужба	[女] 訴え, 訴訟
тужилац	[男] 検事
тужити -жим	[不完] 訴える, 告訴する
тумачити -чим	[不完] 解釈する→протумачити
тумор	[男] 腫瘍
туна	[女] 鮪(まぐろ)
тунел*	[男] トンネル
туп*	[形] 鈍(にぶ)い
туризам*	[男] 観光
туриста	[男] 観光客
Туркиња*	[女] トルコ人(女)(やすり)
турпија	[女] 鑢
Турска*	[女] トルコ
турски*	[形] トルコの
Турчин*	[男] トルコ人(男)
туткало	[中] 膠(にかわ)
тући* тучем	[不完] 殴る, 叩く→истући
тући се тучем	[不完] 殴り合う→потући се
туш¹	[男] 墨
туш²*	[男] シャワー

туширати се -рам　　　[完/不完] シャワーを浴びる

Ћ, ћ

ћаскати -кам　　　[不完] おしゃべりする，雑談する
ћебе*　　　[中] 毛布
ћелав　　　[形] 禿げの
ћелија　　　[女] 細胞
ћерка*　　　[女] 娘
ћилим　　　[男] 絨毯
ћопав　　　[形] 跛の
ћошак*　　　[男] 隅，角
ћуд　　　[女] 性質，気質
ћудљив　　　[形] 気紛れな
ћумур　　　[男] 炭
ћуп　　　[男] 壺
ћурка*　　　[女] 七面鳥
ћутање　　　[中] 沈黙
ћутати* -тим　　　[不完] 黙る，沈黙する
ћутљив　　　[形] 無口の

убрзавати

У, у

у*	[前] кога/што 〜へ(方向), 〜の中へ; коме/чему 〜に, で(場所), 〜の中に
убацивати -цујем	[不完] 投げ込む, 放り込む →убацити
убацити -цим	[完] 投げ込む, 放り込む →убацивати
убедити -дим	[完] 説く, 説得する→убеђивати
убеђивати -ђујем	[不完] 説く, 説得する→убедити
убијати* -јам	[不完] 殺す→убити
убијати се -јам	[不完] 自殺する→убити се
убиство	[男] 殺人, 殺害
убити* -бијем	[完] 殺す→убијати
убити се -бијем	[完] 自殺する→убијати се
убица	[男] 殺人者
ублажавати -вам	[不完] 和らげる, 緩和する →ублажити
ублажити -жим	[完] 和らげる, 緩和する →ублажавати
убости -бодем	[完] 突く, 刺す→бости
убрати -берем	[完] 摘む→брати
убрзавати -вам	[不完] 早める, 促進する →убрзати

убрзати -зам	[完] 早める, 促進する →убрзавати
убрзо	[副] 直に
убудуће	[副] 将来, 今後
уважавати -вам	[不完] 重んじる, 尊重する →уважити
уважити -жим	[完] 重んじる, 尊重する →уважавати
увала	[女] 入江, 浦
увек*	[副] いつも, 常に
увелико	[副] 大いに
увенути -нем	[完] 枯れる, 萎れる→венути
уверавати се -вам	[不完] у што 確信する →уверити се
уверити се -рим	[完] у што 確信する →уверавати се
увести[1] -ведем	[完] 導入する→уводити
увести[2] -везем	[完] 輸入する→увозити
увече	[副] 晩, 夕方
увијати -јам	[不完] くるむ, 包む→увити
увити -вијем	[完] くるむ, 包む→увијати
увлачити -чим	[不完] 引き入れる→увући
уво* уши	[中] 耳
уводити -дим	[不完] 導入する→увести
увоз*	[男] 輸入
увозити -зим	[不完] 輸入する→увести
увреда	[女] 侮辱
увредити -дим	[完] 侮辱する→вређати
увући -вучем	[完] 引き入れる→увлачити
угаљ*	[男] 石炭
угао*	[男] 角, 隅；角, 角度

угасити* -сим	[完]	消す→гасити
угасити се -сим	[完]	消える→гасити се
углавном	[副]	主に，大体，大概
углед	[男]	名声，権威
угледан	[形]	偉い，立派な
угљеник	[男]	炭素
уговор*	[男]	契約，条約
угодан	[形]	楽しい，快適な
угојити се -јим	[完]	太る→гојити се
уграбити -бим	[完]	掴む→грабити
угристи -ризем	[完]	噛む，齧る→гристи
угрожавати -вам	[不完]	脅かす→угрозити
угрозити -зим	[完]	脅かす→угрожавати
угушити се -шим	[完]	窒息する→гушити се
удавати се -дајем	[不完]	結婚する(女)→удати се
удавити се -вим	[完]	溺れる→давити се
удаја	[女]	結婚(女)
удаљавати -вам	[不完]	遠ざける→удаљити
удаљавати се -вам	[不完]	遠ざかる，離れる →удаљити се
удаљеност	[女]	距離
удаљити -љим	[完]	遠ざける→удаљавати
удаљити се -љим	[完]	遠ざかる，離れる →удаљавати се
ударати* -рам	[不完]	打つ；当たる，ぶつかる →ударити
ударац	[男]	打撃
ударити* -рим	[完]	打つ；当たる，ぶつかる →ударати
удата*	[形]	既婚の(女)
удати се -дам	[完]	結婚する(女)→удавати се

удео	[202]

удео	[男] 割合, 割当, 分け前
удес	[男] 事故
удесити -сим	[完] 調整する, 手配する →удешавати
удешавати -вам	[不完] 調整する, 手配する →удесити
удица	[女] 針(釣針)
удобан	[形] 快適な, 楽な
удовица	[女] 未亡人
удружење	[中] 会, 連合
ужас	[男] 恐怖
ужасан*	[形] 酷い, 恐ろしい, 大変な
уже	[中] 縄, 綱
уживати -вам	[不完] у чему 楽しむ
ужина	[女] おやつ
уз	[前] кога/што 〜を上って; 〜と(随伴)
узајаман	[形] 相互の, 互いの
узак* <ужи	[形] 狭い, 細い
узалуд*	[副] 無駄に
узалудан	[形] 無駄な
узбрдица	[女] 坂(上り坂)
узбудити се -дим	[完] 興奮する→узбуђивати се
узбуђење	[中] 興奮
узбуђивати се -ђујем	[不完] 興奮する→узбудити се
узбуна	[女] 警報
узвик	[男] 叫び
узвичник	[男] 感嘆符
уздах	[男] 溜息
уздахнути -нем	[完] 溜息をつく→уздисати
уздисати -дишем	[不完] 溜息をつく→уздахнути

[203] **укључивати**

уздржавати се -вам	[不完] 堪える; 棄権する →уздржати се
уздржати се -жим	[完] 堪える; 棄権する →уздржавати се
узети* -змем	[完] 取る→узимати
узимати* -мам	[不完] 取る→узети
узлетати -лећем	[不完] 飛び上がる→узлетети
узлетети -тим	[完] 飛び上がる→узлетати
узор	[男] 手本, 模範
узорак*	[男] 見本
узраст	[男] 年齢
узрок*	[男] 原因
ујак*	[男] 伯父, 叔父(母の兄弟)
уједати -дам	[不完] 咬む, 噛み付く→ујести
ујединити -ним	[完] 統一する→уједињавати
ујединити се -ним	[完] 団結する→уједињавати се
уједињавати -вам	[不完] 統一する→ујединити
уједињавати се -вам	[不完] 団結する→ујединити се
ујести -једем	[完] 咬む, 噛み付く→уједати
ујна*	[女] 伯母, 叔母(母の兄弟の妻)
ујутро*	[副] 朝
указати -кажем	[完] на што 指摘する →указивати
указивати -зујем	[不完] на што 指摘する →указати
укидати -дам	[不完] 廃止する→укинути
укинути -нем	[完] 廃止する→укидати
уклањати -њам	[不完] どける, 除く→уклонити
уклонити -ним	[完] どける, 除く→уклањати
укључивати -чујем	[不完] 含める, 入れる →укључити

укључити	[204]

укључити -чим	[完] 含める，入れる →укључивати
уколико	[接] もし
украс	[男] 飾り，装飾
украсити -сим	[完] 飾る→украшавати
украсти -радем	[完] 盗む→красти
укратко	[副] 要するに，つまり
украшавати -вам	[不完] 飾る→украсити
укрстити се -тим	[完] 交わる，交差する →укрштавати се
укрштавати се -вам	[不完] 交わる，交差する →укрстити се
укупан*	[形] 総計の
укус*	[男] 味，味覚；趣味
укусан*	[形] 美味しい，旨い
улагати -лажем	[不完] 投資する，注ぎ込む →уложити
улаз*	[男] 入口，玄関
улазак	[男] 入場
улазити* -зим	[不完] 入る→ући
улазница	[女] 入場券，切符
улетати -лећем	[不完] 飛び込む→улетети
улетети -летим	[完] 飛び込む→улетати
улица*	[女] 道路，通り，街
уловити -вим	[完] 狩る，捕る→ловити
улога*	[女] 役，役割
уложити -жим	[完] 投資する，注ぎ込む →улагати
уље*	[中] 油
ум	[男] 知性，頭脳
умало	[副] 危うく

умарати се* -*рам*	[不完]	疲れる, 草臥れる
	→уморити се	
умерен	[形]	穏やかな, 程よい
умесити -*сим*	[完]	捏ねる, 練る→месити
уместо*	[前] кога/чега	～の代わりに
умети* -*мем*	[不完]	できる(能力)
уметник*	[男]	芸術家(男)
уметница*	[女]	芸術家(女)
уметност*	[女]	芸術
умеће	[中]	技術
умешати се -*шам*	[完]	干渉する→мешати се
умиваоник	[男]	洗面台
умивати -*вам*	[不完]	洗う(顔)→умити
умирати* -*рем*	[不完]	死ぬ→умрети
умити -*мијем*	[完]	洗う(顔)→умивати
умор	[男]	疲れ, 疲労
уморан*	[形]	疲れた
уморити се* -*рим*	[完]	疲れる, 草臥れる
	→умарати се	
умрети* -*рем*	[完]	死ぬ→умирати
уназад	[副]	後ろへ
унапред	[副]	先へ, 予め
унапредити -*дим*	[完]	進める→унапређивати
унапређење	[中]	昇進
унапређивати -*ђујем*	[不完]	進める→унапредити
унети -*несем*	[完]	持ち込む→уносити
универзитет*	[男]	大学
униформа*	[女]	制服
уништавати -*вам*	[不完]	壊す, 滅ぼす, 破壊する
	→уништити	

уништити	[206]

уништити -*тим*	[完] 壊す, 滅ぼす, 破壊する
	→уништавати
уносан	[形] 儲かる
уносити -*сим*	[不完] 持ち込む→унети
унук*	[男] 孫(男)
унука*	[女] 孫(女)
унутар	[前] кога/чега 〜の中に, 内部に
унутра*	[副] 中に, 内部に
унутрашњи	[形] 中の, 内部の; 国内の
уобичајен	[形] 普段の, 普通の
уопште	[副] 一般に, 概して; 全く, 全然
уосталом	[小] 尤も, やはり
уочавати -*вам*	[不完] 気付く, 見付ける
	→уочити
уочи	[前] чега 〜の直前に
уочити -*чим*	[完] 気付く, 見付ける
	→уочавати
упадати -*дам*	[不完] 陥る→упасти
упадљив	[形] 目立つ, 派手な
упала	[女] 炎症
упалити* -*лим*	[完] 点ける(灯), 点火する
	→палити
упаљач	[男] ライター
упасти -*паднем*	[完] 陥る→упадати
упецати -*цам*	[完] 釣る→пецати
упијати -*јам*	[不完] 吸収する→упити
упијати се -*јам*	[不完] 染みる→упити се
упис	[男] 登録
уписати -*пишем*	[完] 記入する, 登録する
	→уписивати
уписати се -*пишем*	[完] 入学する→уписивати се

употребити

уписивати -сујем	[不完]	記入する, 登録する →уписати
уписивати се -сујем	[不完]	入学する→уписати се
упити -пијем	[完]	吸収する→упијати
упити се -пијем	[完]	染みる→упијати се
упитник	[男]	疑問符
уплата	[女]	払込
уплатити -тим	[完]	払い込む→уплаћивати
уплаћивати -ћујем	[不完]	払い込む→уплатити
уплашити се -шим	[完]	кога/чега 恐れる, 怖がる →плашити се
упознавати* -најем	[不完]	知る; 紹介する, 知らせる →упознати
упознавати се -најем	[不完]	知り合う→упознати се
упознати* -нам	[完]	知る; 紹介する, 知らせる →упознавати
упознати се -нам	[完]	知り合う→упознавати се
упозоравати -вам	[不完]	警告する→упозорити
упозорење	[中]	警告
упозорити -рим	[完]	警告する→упозоравати
упола	[副]	半分
упоран	[形]	熱心な, 粘り強い, しつこい
упоредити -дим	[完]	比べる, 譬える, 比較する →упоређивати
упоредо	[副]	並んで, 並行して
упоређивати -ђујем	[不完]	比べる, 譬える, 比較する →упоредити
употреба*	[女]	使用
употребити* -бим	[完]	使う, 使用する →употребљавати

употребљавати* -вам	[不完] 使う, 使用する →употребити
управа*	[女] 行政, 当局, 本部
управљати* -љам	[不完] ким/чим 管理する, 操縦する
управник	[男] 支配人, 管理人
управо	[副] まさに
упркос	[前] коме/чему ～にも拘わらず
упутити -тим	[完] 送る, 派遣する→упућивати
упутство	[中] 指図, 手引
упућивати -ћујем	[不完] 送る, 派遣する→упутити
урадити* -дим	[完] する→радити
Уран	[男] 天王星
ургирати -рам	[完/不完] 催促する
уред	[男] 役所, 事務所
уредан	[形] きちんとした
уредити -дим	[完] 整理する, 片付ける; 編集する→уређивати
уредник	[男] 編集者
уређај	[男] 設備, 装置
уређење	[中] 体制
уређивати -ђујем	[不完] 整理する, 片付ける; 編集する→уредити
урлати -лам	[不完] 吠える, 喚く
уручивати -чујем	[不完] 渡す, 手渡す→уручити
уручити -чим	[完] 渡す, 手渡す→уручивати
усавршавати -вам	[不完] 改良する→усавршити
усавршити -шим	[完] 改良する→усавршавати
усамљен	[形] 孤独の, 淋しい
усвајати -јам	[不完] 採用する, 取り入れる →усвојити

усвојити -jим	[完] 採用する，取り入れる →усвајати
уселити се -лим	[完] 入居する→усељавати се
усељавати се -вам	[不完] 入居する→уселити се
усисивач	[男] 掃除機
ускакати -скачем	[不完] 跳び込む→ускочити
ускладити -дим	[完] 調整する→усклађивати
усклађивати -ђујем	[不完] 調整する→ускладити
ускоро*	[副] 直に，やがて，今度
ускочити -чим	[完] 跳び込む→ускакати
Ускрс	[男] 復活祭
услед	[前] кога/чега ～のために，所為で(起因)
услов*	[男] 条件
услуга	[女] サービス
усмеравати -вам	[不完] 向ける→усмерити
усмерити -рим	[完] 向ける→усмеравати
усна*	[女] 唇
успаванка	[女] 子守唄
успевати -вам	[不完] 成功する→успети
успети -пем	[完] 成功する→успевати
успех*	[男] 成功，成績
успешан	[形] 成功した，順調な
успомена*	[女] 思い出，記念
усправан	[形] 垂直の，縦の，真直ぐな
успротивити се -вим	[完] 反対する→противити се
успут	[副] 序に，途中
усред	[前] кога/чега ～の真中に，最中に
уста*	[中複] 口
устав*	[男] 憲法

устајати		[210]

устајати* -jем	[不完]	起きる，立ち上がる
		→устати
устанак*	[男]	蜂起
установа*	[女]	施設
устати* -танем	[完]	起きる，立ち上がる
		→устајати
устручавати се -вам	[不完]	遠慮する
уступак -пци	[男]	譲歩
уступати -пам	[不完]	譲る，譲歩する→уступити
уступити -пим	[完]	譲る，譲歩する→уступати
усудити се -дим	[完]	敢えて～する
		→усуђивати се
усуђивати се -ђујем	[不完]	敢えて～する
		→усудити се
утакмица*	[女]	試合，競争
утврдити -дим	[完]	確定する→утврђивати
утврђивати -ђујем	[不完]	確定する→утврдити
утеха	[女]	慰め
утешити -шим	[完]	慰める→тешити
утисак*	[男]	印象，感想
утицај*	[男]	影響
утицајан	[形]	有力な
утицати* -тичем	[不完]	影響する
утолико	[副]	それだけ
уторак*	[男]	火曜日
утрнути -нем	[完]	痺れる→трнути
ући* уђем	[完]	入る→улазити
ухапсити -сим	[完]	逮捕する→хапсити
ухватити -тим	[完]	掴む；捕まえる→хватати
уцена	[女]	強請
уценити -ним	[完]	強請る→уцењивати

уцењивати -њујем	[不完] 強請る→уценити
учврстити -тим	[完] 固める→учвршћивати
учвршћивати -ћујем	[不完] 固める→учврстити
ученик*	[男] 生徒(男), 弟子
ученица*	[女] 生徒(女)
учење	[中] 学習, 勉強; 教え
учесник	[男] 参加者
учествовати -твујем	[不完] 参加する
учешће	[中] 参加
учинити -ним	[完] する, やる, 行う; させる(使役)→чинити
учинити се -ним	[完] 見える, らしい(推量) →чинити се
учионица	[女] 教室
учитељ*	[男] 師, 教師, 先生(男)
учитељица*	[女] 教師, 先生(女)
учити* -чим	[不完] 教える; 覚える→научити; 学ぶ, 習う, 勉強する
учтив*	[形] 丁寧な, 礼儀正しい
уџбеник*	[男] 教科書
уштеда	[女] 節約
уштедети -дим	[完] 節約する→штедети

Ф, ф

фабрика*	[女] 工場
фаза	[女] 段階; 局面

фазан	[男]	雉子
фактор	[男]	要因
факултет*	[男]	学部, 大学
фалити -*лим*	[不完]	足りない, 欠ける
фалсификат	[男]	偽物
фамилија*	[女]	家族(親族)
фантазија	[女]	幻想
фантастичан	[形]	幻想的, 素敵な
фарба	[女]	ペンキ, 塗料
фарбати -*бам*	[不完]	塗る, 染める→офарбати
фарма	[女]	農場
фаул	[男]	反則
фашизам*	[男]	ファシズム
фебруар*	[男]	二月
федерација*	[女]	連邦
фен	[男]	ドライヤー
феномен	[男]	現象
фестивал	[男]	祭
феудализам	[男]	封建制
фигура	[女]	姿; 駒(チェス)
физика	[女]	物理
физички	[形]	物理的, 肉体的
фијакер	[男]	馬車
филијала	[女]	支店
филм*	[男]	フィルム; 映画
филозофија*	[女]	哲学
фин*	[形]	細かい, 良質の, 見事な
финале	[男]	決勝
финансије	[女複]	財政, 金融
фиока	[女]	抽斗(ひきだし)
фирма*	[女]	会社, 商社; 看板

фластер	[男] 絆創膏(ばんそうこう)
флаша*	[女] 壜(びん)
флека	[女] 染み
фокус	[男] 焦点
фонд	[男] 基金
форма	[女] 形式, 形
формалан	[形] 形式的, 正式の
формирати -рам	[完/不完] 形成する
фотеља	[女] 椅子(肘掛)
фото-апарат*	[男] 写真機, カメラ
фотографија*	[女] 写真
фраза	[女] 句, 文句
Француз*	[男] フランス人(男)
Француска*	[女] フランス
француски*	[形] フランスの
Францускиња*	[女] フランス人(女)
фрижидер*	[男] 冷蔵庫
фрула*	[女] 笛
фудбал*	[男] サッカー
функција	[女] 機能, 役職, 役目
функционер	[男] 役員

X, x

хајде	[小] さあ(誘い)
хајдук	[男] 山賊
хало	[副] もしもし

хаљина	[214]

хаљина*	[女] 服, ワンピース
хапсити -сим	[不完] 逮捕する→ухапсити
хармоника*	[女] アコーデオン
хартија*	[女] 紙
хвала*	[女] 有難う
хвалисати се -лишем	[不完] 自慢する
хвалити -лим	[不完] 褒める, 表彰する
	→похвалити
хватати -там	[不完] 掴む; 捕まえる
	→ухватити
хемија	[女] 化学
херој*	[男] 英雄
херцеговачки	[形] ヘルツェゴビナの
Херцеговина	[女] ヘルツェゴビナ
хигијена	[女] 衛生
хигијенски	[形] 衛生的
хиљада*	[女] 千; десет х− 万
химна	[女] 国歌, 賛歌
хирургија	[女] 外科
хитан*	[形] 急な, 緊急の
хитар	[形] 素早い
хитати[1] -там	[不完] 駆け付ける→похитати
хитати[2] -там	[不完] 投げる→хитнути
хитнути -нем	[完] 投げる→хитати
хладан*	[形] 寒い, 冷たい
хладити -дим	[不完] 冷やす, 冷ます
	→охладити
хладити се -дим	[不完] 冷える, 冷める
	→охладити се
хладноћа*	[女] 寒さ
хладовина	[女] 陰, 日陰

хлеб*	[男]	パン
хоби	[男]	趣味
хоботница	[女]	蛸
ходати* -дам	[不完]	歩く
ходник*	[男]	廊下
хор*	[男]	合唱
хотел*	[男]	ホテル
храбар*	[形]	勇ましい,勇敢な
храбрити -рим	[不完]	励ます,激励する
		→охрабрити
храброст	[女]	勇気
храм*	[男]	寺,神社,神殿
храмати -мљем	[不完]	跛をひく
храна*	[女]	食べ物,食物,食料
хранити -ним	[不完]	養う
хранљив	[形]	栄養のある
хранљивост	[女]	栄養
храст*	[男]	樫,楢
Хрват*	[男]	クロアチア人(男)
Хрватица*	[女]	クロアチア人(女)
Хрватска*	[女]	クロアチア
хрватски*	[形]	クロアチアの
хрен	[男]	山葵
хризантема	[女]	菊
Христ	[男]	キリスト
хришћанин	[男]	キリスト教徒
хришћанство	[中]	キリスト教
хркати хрчем	[不完]	鼾をかく
хром	[形]	跛の
хтети* хоћу	[不完]	欲しい;〜したい(希望),しよう(意志),するだろう(未来)

хуман	[形] 人間的，人道的
хуманитаран	[形] 人道的
хумор	[男] ユーモア

Ц, ц

цар*	[男] 皇帝，天皇(男)
царевина	[女] 帝国
царина*	[女] 関税
царинарница*	[女] 税関
царица*	[女] 皇帝，天皇(女)，女帝，皇后
цвекла*	[女] 蕪(赤蕪)
цвет*	[男] 花
цветати -там	[不完] 咲く，栄える →процветати
цвећара	[女] 花屋(店)
цвеће*	[中] (集合)花
цвркутати -кућем	[不完] 囀る，鳴く(鳥)
цврчак	[男] 蟋蟀，蝉
цев*	[女] 管，筒，パイプ
цедити -дим	[不完] 搾る→исцедити
цедуља	[女] メモ(紙)
целина	[女] 全体
цемент*	[男] セメント
цена*	[女] 値段，価格，物価，料金
ценити -ним	[不完] 評価する
центар*	[男] 中心，中央

централа	[女]	本部; 発電所; 交換局(電話)
централан	[形]	中心の, 中央の
цео*	[形]	全体の
цепати -*пам*	[不完]	裂く, 破る→поцепати
цепати се -*пам*	[不完]	裂ける, 破れる, 分裂する →поцепати се
цивилизација	[女]	文明
цигарета*	[女]	煙草(巻)
цигла*	[女]	煉瓦
циљ*	[男]	目的, 目標, 狙い
циљати -*љам*	[不完]	狙う, 目指す
цинк*	[男]	亜鉛
ципела*	[女]	靴
циркус	[男]	サーカス
цитат	[男]	引用
цитирати -*рам*	[完/不完]	引用する
циција	[男/女]	吝嗇(けち)(人)
црв	[男]	虫, 蛆
црвен*	[形]	赤い
црево	[中]	腸; ホース
цреп	[男]	瓦
црква*	[女]	教会
црн*	[形]	黒い
Црна Гора*	[女]	モンテネグロ
Црногорац*	[男]	モンテネグロ人(男)
Црногорка*	[女]	モンテネグロ人(女)
црногорски*	[形]	モンテネグロの
црта	[女]	線, 筋
цртати* -*там*	[不完]	画く, 描く→нацртати
цртеж*	[男]	図, 図画, 素描
цурити* -*рим*	[不完]	漏る, 漏れる→исцурити

Ч, ч

чађ	[女] 煤
чај*	[男] 茶, 紅茶
чајник	[男] 土瓶
чак*	[副] さえ
чамац*	[男] ボート
чапља	[女] 鷺
чарапа*	[女] 靴下
чаробњак	[男] 魔法使い
чаролија	[女] 魔法
чаршав	[男] シーツ
час*	[男] 〜時; 時間, 授業
часопис*	[男] 雑誌
част	[女] 名誉, 光栄
частан	[形] 名誉な, 公正な
частити -тим	[完/不完] おごる, もてなす
чаура	[女] 繭
чачкалица	[女] 楊枝
чачкати -кам	[不完] つつく, ほじくる
чаша*	[女] コップ
чвор	[男] 結び目; 節(木)
чворуга	[女] 瘤
чврст* <чвршћи	[形] 固い, 頑丈な, 丈夫な
чврстина*	[女] 固さ
чек*	[男] 小切手

чекаоница	[女] 待合室
чекати* -кам	[不完] 待つ
чекић*	[男] 金槌
челик*	[男] 鉄，鋼鉄
челичан*	[形] 鉄の
чело*	[中] 額; 先頭
чеп	[男] 栓
чесма*	[女] 水道，蛇口
чест <чешћи	[形] 度々の
честитати -там	[不完] 祝う
честитка*	[女] 祝い，祝辞，年賀状
често* <чешће	[副] 度々，しばしば，頻りに
чета	[女] 隊
четвороугао	[男] 四角
четврт	[女] 四分の一; 〜街，地区
четвртак*	[男] 木曜日
четвртаст	[形] 四角い
четврти*	[数] 第四の，四番の; 四日
четвртина*	[女] 四分の一
четири*	[数] 四，四つ
четиристо*	[数] 四百
четка*	[女] ブラシ，刷毛，筆
четрдесет*	[数] 四十
четрнаест*	[数] 十四
чешаљ*	[男] 櫛
чешати -шам	[不完] 掻く→почешати
чешљати -љам	[不完] 梳かす(髪)→очешљати
чигра	[女] 独楽
чизма*	[女] 長靴，ブーツ
чији*	[代] 誰の
чика*	[男] 小父さん

чим	[接] 〜するや, 〜すると直ぐ
чин	[男] 行為; 位, 階級; 幕(芝居)
чинија	[女] 鉢, 椀
чинилац	[男] 要因, 要素
чинити* -ним	[不完] する, やる, 行う; させる(使役)→учинити
чинити се* -ним	[不完] 見える, らしい(推量) →учинити се
чиновник	[男] 役人, 職員
чињеница*	[女] 事実
чипка	[女] レース(編み)
чист* <чишћи	[形] 清い, 綺麗な, 清潔な; 純粋な
чистити* -тим	[不完] 綺麗にする, 掃除する →очистити
чистоћа	[女] 清潔
читав	[形] 全ての, 無事な
читалац	[男] 読者
читање	[中] 読書
читати* -там	[不完] 読む→прочитати
чишћење	[中] 掃除
члан*	[男] 一員, 会員; 条(法律)
чланак	[男] くるぶし, 足首; 記事
човек* људи	[男] 人, 人間; 男
човечанство	[中] 人類
чоколада*	[女] チョコレート
чопор	[男] 群れ(動物)
чорба*	[女] 汁, スープ
чувар	[男] 守衛, 番人
чувати* -вам	[不完] 守る, 保存する →сачувати; 番をする, 預かる

чувати се* -вам	[不完] кога/чега 気を付ける, 警戒する, 用心する
чувен*	[形] 有名な, 名高い
чудан*	[形] 変な, おかしい, 奇妙な
чудесан	[形] 不思議な
чудити се -дим	[不完] 驚く, 怪しむ
	→зачудити се
чудо	[中] 不思議, 奇跡
чуло	[中] 感覚
чупати -пам	[不完] むしる, 引き抜く
	→ишчупати
чути* чујем	[完/不完] 聞く, 聞こえる
чути се чујем	[完/不完] 聞こえる
чутура	[女] 水筒
чучати -чим	[不完] しゃがむ, うずくまる
	→чучнути
чучнути -нем	[完] しゃがむ, うずくまる
	→чучати

Ц, ц

џабе	[副] 無駄に; 只で
џак	[男] 袋
џамија*	[女] モスク
џем*	[男] ジャム
џемпер*	[男] セーター
џеп*	[男] ポケット

цепарац	[男] 小遣い
цепарош*	[男] 掏摸
цигерица	[女] レバー, 肝臓
цин*	[男] 巨人
џунгла	[女] ジャングル, 密林

Ш, ш

шака	[女] 手(手首から先)
шал	[男] マフラー, 襟巻, 肩掛け
шала*	[女] 冗談, 洒落
шалити се -лим	[不完] 冗談を言う, ふざける →нашалити се
шалтер*	[男] 窓口
шампион*	[男] チャンピオン
шампон	[男] シャンプー
шанса	[女] チャンス, 機会
шапа	[女] 足(動物)
шапат	[男] 囁き
шапнути -нем	[完] 囁く→шапутати
шапутати -пућем	[不完] 囁く→шапнути
шара	[女] 模様, 柄
шаран*	[男] 鯉
шаргарепа*	[女] 人参
шарен	[形] 柄の, 派手な
шатор	[男] テント
шах*	[男] チェス, 将棋

шева	[女]	雲雀(ひばり)
шездесет*	[数]	六十
шерпа*	[女]	鍋
шеснаест*	[数]	十六
шест*	[数]	六, 六つ
шестар	[男]	コンパス
шести*	[数]	第六の, 六番の; 六日
шестсто*	[数]	六百
шетати се* -*там*	[不完]	散歩する→прошетати се
шетња*	[女]	散歩
шећер*	[男]	砂糖
шеф*	[男]	長, 主任
шешир*	[男]	帽子, 笠
шибица*	[女]	マッチ
шивење	[中]	裁縫
шиканирати -*рам*	[完/不完]	苛(いじ)める
шиљаст	[形]	尖(とが)った
шина	[女]	線路
шипак	[男]	茨
шипка	[女]	棒
ширина*	[女]	広さ, 幅, 横
ширити -*рим*	[不完]	広げる, 広める →раширити
ширити се -*рим*	[不完]	広がる, 広まる, 膨らむ →раширити се
широк* <*шири*	[形]	広い
шити *шијем*	[不完]	縫う→сашити
шифра	[女]	暗号
шишати -*шам*	[不完]	刈る(毛)→ошишати
шкамп	[男]	海老
школа*	[女]	学校

школарина	[224]

школарина	[女] 授業料, 月謝
школовати -лујем	[不完] 教育する
шкољка*	[女] 貝
шкрипити -пим	[不完] 軋む
шкрт	[形] 吝嗇な
шлем	[男] 兜
шљива*	[女] プラム, 梅
шљунак	[男] 砂利
шминка	[女] 化粧
шминкати се -кам	[不完] 化粧する
шок	[男] ショック
шоља*	[女] 茶碗
шофер*	[男] 運転手
шпорет	[男] レンジ
шраф	[男] 螺子
шрафцигер	[男] 螺子回し
шта*	[代] 何
штаб	[男] 司令部
штавише	[副] その上, 更に, しかも
штампа	[女] 印刷, 報道
штампати -пам	[完/不完] 刷る, 印刷する
штап	[男] 杖, 棒
штедети -дим	[不完] 節約する→уштедети; 貯金する, 蓄える
штедња	[女] 節約; 貯金, 貯蓄
штета*	[女] 害, 被害, 損害; 惜しい
штетан	[形] 有害な
штетити -тим	[不完] 損なう, 傷める →оштетити
штипати -пам	[不完] 抓る, 摘む→штипнути
штипнути -нем	[完] 抓る, 摘む→штипати

штит	[男] 盾
штитити -*титим*	[不完] 保護する→заштитити
што	[代] 何
штрајк	[男] ストライキ
штуцати -*цам*	[不完] しゃっくりをする
шума*	[女] 森, 林, 森林
шумарство	[中] 林業
шунка*	[女] ハム
шупа	[女] 物置
шут	[男] シュート
шутирати -*рам*	[完/不完] 蹴る, シュートする

参考資料

Матица српска/Матица хрватска, РЕЧНИК
СРПСКОХРВАТСКОГА КЊИЖЕВНОГА ЈЕЗИКА
I —VI, Нови Сад/Загреб, 1967.
Morton Benson, SRPSKOHRVATSKO—ENGLESKI REČNIK,
Prosveta, Beograd, 1989.
И.И. Толстој, СРПСКОХРВАТСКО—РУСКИ РЕЧНИК,
Совјетскаја енциклопедија, Москва, 1970.
Митар Пешикан и др., ПРАВОПИС СРПСКОГА ЈЕЗИКА,
Матица српска, Нови Сад, 1993.

索 引

あ, ア

ああ	онако
アーモンド	бадем
愛	љубав
挨拶	поздрав
挨拶する	поздравити
愛情	љубав
合図	знак, сигнал
アイスクリーム	сладолед
愛する	волети; драг
間	размак
～する間	док
～の間に	између, међу
～の間へ	међу
～の間を	кроз
相手	партнер, противник
アイデア	идеја
曖昧な	нејасан
アイロン	пегла
アイロンをかける	испеглати
合う	слагати се, одговарати
合った	одговарајући
会う	видети, срести, састати се
敢えて～する	смети, усудити се
亜鉛	цинк
青い	плав
青白い	блед
垢	прљавштина
赤い	црвен
アカシア	багрем
アカデミー	академија
明かり	светло
上がる	дићи се, подићи се
明るい	светао, ведар
赤ん坊	беба
秋	јесен
秋の	јесењи
飽きた	сит
商う	трговати
明らかな	јасан, очигледан
諦める	помирити се, одустати
開く	отворити се
開いている	отворен
悪	зло
握手する	руковати се
アクセサリー	накит
アクセント	нагласак
欠伸をする	зевати
悪魔	ђаво, сатана
開ける	отворити, открити, пробушити
空ける	испразнити
空いている	празан, слободан
上げる	дићи, подићи; дати
挙げる	поменути
揚げる	испржити
顎	брада, вилица
アコーデオン	хармоника

朝	јутро; ујутру	温まる	загрејати се
朝の	јутарњи	暖める	огрејати
麻	конопља	温める	загрејати
痣	модрица	あだ名	надимак
浅い	плитак	頭	глава
嘲る	ругати се	新しい	нов
明後日	прекосутра	当たり	погодак, добитак
欺く	преварити		
鮮やかな	ефектан, сјајан	辺り	около
足	нога, стопало, шапа	～の辺りに	око
		当たる	погодити, ударити
葦	трска		
味	укус	あちらへ	онамо
アジア	Азија	熱い	топао, врућ, врео
アジアの	азијски		
足音	корак	暑い	врућ
足首	чланак	厚い	дебео
明日	сутра	悪化する	погоршати се
明日の	сутрашњи	扱う	руковати
預かる	чувати	暑さ	врућина
預ける	поверити	厚さ	дебљина
汗	зној	集まり	скуп
汗をかく	ознојити се	集まる	скупити се, окупити се
あそこ	тамо		
あそこに	ено	集める	скупити, окупити
あそこから	оданде		
遊び	игра, забава	圧力	притисак
遊ぶ	играти се	当てにする	рачунати
値する	вредети, ваљати, заслужити; достојан	宛名	адреса
		当てる	погодити, ударити
		充てる	наменити
与える	дати	跡	траг
あたかも	као да	後で	после, потом
暖かい	топао	～の後に	после, за
暖まる	огрејати се	アトリエ	атеље

穴	рупа, јама, отвор
アナウンサー	спикер
貴方	Ви
貴方の	Ваш
貴方たち	ви
貴方たちの	ваш
侮る	потценити
兄	брат
姉	сестра
あの	онај
あの時	онда
あのような	онакав
あのように	онако
アパート	стан
家鴨	патка
浴びる	полити се, окупати се
危ない	опасан
油	уље
脂	маст
アフリカ	Африка
アフリカの	афрички
溢れる	прелити се
甘い	сладак
アマチュア	аматер
甘やかす	размазити
余り	остатак, вишак
余りに	сувише
余る	остати
網	мрежа
編む	исплести
雨	киша, пљусак
飴	бомбона
アメリカ	Америка
アメリカの	амерички
アメリカ人	Американац, Американка
危うく	замало, умало
怪しい	сумњив
怪しむ	посумњати, зачудити се
過ち	кривица
誤り	грешка
誤る	погрешити
謝る	извинити се
歩み	корак
歩む	корачати, ступити
荒い	груб
洗う	опрати, умити
予め	унапред
嵐	бура, олуја
嵐のような	буран
争い	сукоб, спор
争う	сукобити се
新たな	нов
新たに	изнова
アラブ人	Арапин, Арапкиња
あらゆる	сваки
霰	град
表す	изразити, представити
現す	испољити
表れ	израз
現れ	појава
現れる	јавити се, појавити се
蟻	мрав
有難い	захвалан

有難う	хвала	安全	безбедност
ありそうな	могућ, вероватан	安全な	безбедан, сигуран
ありふれた	обичан	安定した	стабилан
有る	имати	アンテナ	антена
在る	бити, наћи се, имати	あんな	онакав
		あんなに	онолико
或る	неки, известан	案内	информација, водич
あるいは	или; можда		
歩く	ходати	案内する	водити
歩いて	пешке		
アルコール	алкохол		
主(あるじ)	газда	**い, イ**	
アルバニア	Албанија	胃	желудац
アルバニアの	албански	いいえ	не
アルバニア人	Албанац, Албанка	言い付ける	казати, поручивати
アルバム	албум	言い訳	изговор
アルファベット	азбука, абецеда	委員会	комисија, комитет, одбор
アルミニウム	алуминијум	言う	рећи, казати
あれ	оно	〜と言う	звати се
あれほど	онолико	家	кућа
あれほどの	онолики	烏賊(いか)	лигња
泡	пена, мехур	意外な	неочекиван
合わせる	саставити, подесити	医学	медицина
		筏	сплав
慌てる	збунити се	怒り	љутња, бес
哀れな	јадан, жалостан	錨	сидро
		息	дах
案	идеја, пројект	息をする	дисати
暗号	шифра	意義	смисао, значај
暗黒	тама	異議	приговор
暗殺	атентат	勢い	снага, енергија
安心な	спокојан	いきなり	одједном, изненада
杏(あんず)	кајсија		

生き残る	опстати, преживети	衣装	ношња, костим
イギリス	Енглеска	異常な	необичан
イギリスの	енглески	意地悪な	пакостан
イギリス人	Енглез, Енглескиња	偉人	великан
		椅子	столица, фотеља
生きる	живети		
生きている	жив	泉	извор
いくつ	колико	イスラム教	ислам
いくつか	неколико	イスラム教徒	муслиман
いくら	колико; пошто	遺跡	рушевина
いくらか	неколико, нешто	忙しい	заузет, запослен
池	рибњак	急がせる	пожурити
意見	мишљење, примедба	急ぐ	пожурити, пожурити се
威厳	достојанство	依存	зависност
移行	прелаз	依存する	зависити
イコン	икона	板	даска, плоча, табла
居酒屋	крчма		
勇ましい	храбар	痛い	болети
遺産	наслеђе	偉大な	велик
石	камен	悪戯な	несташан
意志	воља	鼬	твор
意思	намера	痛み	бол
意地	инат	痛む	болети
維持する	одржати	傷む	покварити се
意識	свест	傷める	оштетити
苛める	шиканирати	炒める	испржити
医者	доктор, докторка, лекар, лекарка	イタリア	Италија
		イタリアの	италијански
		イタリア人	Италијан, Италијанка
移住	сеоба	市	вашар
移住する	иселити се	位置	позиција, положај
遺書	тестамент		

いはん

一	један	一層	више
一員	члан	一致する	подударити се
一月	јануар	五つ	пет
苺	јагода	一定の	одређен, сталан
一座	трупа		
一時預かり	гардероба	一杯	пуно
無花果	смоква	一杯の	пун
一時の	привремен, тренутан	一杯にする	испунити
		一般の	општи
著しい	изразит	一般に	уопште
一度	једном	一歩	корак
一度に	одједном	いつまでも	заувек
一度も	никада	いつも	увек
一日	дан	偽り	лаж
一日の	дневни	偽りの	лажан
市場	пијаца, тржница	偽る	слагати
		イデオロギー	идеологија
一番	највише	糸	конац, нит
一番の	први	意図	намера
一面	свуда, свугде	意図する	намеравати
一流の	врхунски	井戸	бунар
一連	низ	移動	прелазак
いつ	када	従兄弟	брат, браћа
いつから	откада, откако	従姉妹	сестра
いつまで	докада, докле	挑む	изазвати
いつか	некада, икада	田舎	село, провинција
いつかの	некадашњи		
五日	пети	稲妻	муња
一階	приземље	犬	пас
一貫した	доследан	稲	пиринач
一向に	никако	命	живот
一式	сервис, комплет	祈り	молитва
		祈る	помолити се
一瞬	тренутак	茨	шипак
一瞬の	тренутан	違反	прекршај
一緒に	заједно, скупа	違反する	прекршити

鼾をかく	хркати	色	боја
衣服	одећа	色々な	различит
疣	брадавица	岩	стена
今	сада	祝い	честитка, прослава
今の	садашњи		
今から	одсада	祝う	честитати, прославити
今まで	досада		
意味	значење, смисао	鰯	сардина
		いわゆる	такозвани
意味する	значити	印鑑	печат
移民	исељеник	インク	мастило
イメージ	слика	印刷	штампа
芋	кромпир	印刷する	штампати
妹	сестра	印象	утисак
嫌な	непријатан, гадан, одвратан	引退する	повући се
		インテリ	интелигенција
		インド	Индија
厭らしい	непристојан	インド人	Индијац, Индијка
イヤリング	минђуша		
いよいよ	најзад	インフルエンザ	грип
意欲	воља		
依頼	молба	インフレ	инфлација
いらいらする	нервирати се;	韻文	стих
いらいらした	нервозан	陰謀	завера
		引用	цитат
入江	увала	引用する	цитирати
入口	улаз	引力	гравитација, тежа
要る	требати		
射る	стрељати		
居る	бити, наћи се, имати	## う, ウ	
居ない	немати	ウール	вуна
入れ物	посуда, посуђе	ウールの	вунен
入れる	ставити, метнути, укључити	上の	горњи
		上に	горе
		上へ	нагоре

上から	одозго	牛	говедо, бик, крава, јуне, теле, во
〜の上に	на, изнад, над, по		
〜の上へ	на, над	蛆	црв
〜の上から	изнад	失う	изгубити
飢え	глад	後ろの	задњи
ウエートレス	кернерица, конобарица	後ろへ	натраг, назад, уназад
植木鉢	саксија	後ろに	позади
ウエスト	струк	〜の後ろに	за, иза
植える	посадити	渦	вртлог
飢える	гладовати	薄い	танак; блед, светао; редак
飢えた	гладан		
浮かぶ	плутати, лебдети	うずくまる	чучнути
		薄める	разредити
受かる	положити	嘘	лаж
浮く	изронити	嘘の	лажан
鶯	славуј	嘘をつく	слагати
受け入れる	прихватити	歌	песма
受け皿	тацна	歌う	отпевати
受付	пријавница, рецепција	疑い	сумња
		疑う	посумњати
受け付け	пријем	疑わしい	сумњив
受取	признаница	内	унутра
受け取る	примити	家	кућа
受け身の	пасиван	内気な	стидљив
受ける	примити; полагати	宇宙	свемир, космос
動かす	покренути	打つ	бити, ударити, лупити
動き	кретање, покрет, потез		
		撃つ	гађати, пуцати, стрељати
動き出す	кренути		
動く	кренути се, мрднути		
		美しい	леп, красан
兎	зец	美しさ	лепота
		写し	препис

移す	пренети, преместити	占い	гатање
映す	одразити	占う	гатати
写す	сликати	羨ましい	завидети
訴え	тужба	羨む	завидети
訴える	тужити	瓜	тиква
移る	прећи, преместити се	売る	продати
映る	одразити се	うるさい	бучан, досадан
器	суд	漆	лак
腕	рука	嬉しい	радостан; мило, драго
腕輪	наруквица	うろつく	лутати
鰻	јегуља	上着	сако, јакна
唸る	јечати, рикати	噂	гласина
自惚れ	сујета	運	судбина
うねる	ваљати се	運河	канал
奪う	отети, одузети	運転	вожња
馬	коњ	運転する	возити
上手い	вешт, добар	運転手	возач, шофер
美味い	укусан	運動	покрет, кретање, спорт
生まれ	порекло, род		
生まれる	родити се	運動靴	патика
海	море, океан	運動場	терен, игралиште
膿	гној		
産む	родити	運搬	превоз
梅	шљива	運搬する	превести
呻く	стењати	運命	судбина
埋める	закопати; попунити	運輸	транспорт
敬う	поштовати		
右翼	десница	**え, エ**	
浦	увала	柄	дршка
裏	наличје	絵	слика
裏返す	преврнути	永遠	вечност
裏切り	издаја	永遠の	вечан, вечит
裏切る	издати	映画	филм

映画館	биоскоп	選ぶ	изабрати
永久の	вечан, вечит, трајан	襟	оковратник, крагна
影響	утицај, последица	襟巻	шал
		選り分ける	одвојити
影響する	утицати	得る	добити, стећи
営業する	пословати, радити	エレベーター	лифт
		円	круг
栄光	слава	宴会	банкет, пријем
栄光の	славан	延期する	одложити
英国	Енглеска	演技	глума
衛星	сателит	演劇	позориште, театар
衛生	хигијена		
衛生的	хигијенски	演習	вежба
映像	снимак	演出	режија
英雄	херој, јунак	演出する	режирати
栄養	храњивост	演出家	режисер
栄養のある	храњив	援助	помоћ
描く	нацртати, насликати	援助する	помоћи
		炎症	упала, запаљење
液	течност		
駅	станица	演じる	глумити, одиграти
液体	течност		
餌	мамац	エンジン	мотор
枝	грана	演説	говор
エチケット	етикеција	演説する	говорити
エッセイ	есеј	演奏する	одсвирати, извести
エネルギー	енергија		
絵具	боја	遠足	излет, екскурзија
絵葉書	разгледница, карта		
		延長	продужетак
海老	рак, шкамп	延長する	продужити
エプロン	кецеља	煙突	димњак
絵本	сликовница	鉛筆	оловка
獲物	плен	遠慮する	устручавати се
偉い	угледан		

お, オ

尾	реп
甥	нећак
追い越す	престићи
追い込む	натерати
美味しい	укусан
追い出す	истерати
追い付く	стићи
追い抜く	претећи
負う	сносити
追う	гонити, појурити
王	краљ
応援する	навијати
王冠	круна
扇	лепеза
王国	краљевина
王座	престо
王子	принц
王女	принцеза
応じる	одазвати се
応接間	салон
横断	прелаз
横断する	прећи
王妃	краљица
応募する	пријавити се
鸚鵡	папагај
応用	примена
応用する	применити
終える	завршити
多い	много
覆い	покривач
大いに	много, увелико
覆う	покрити, прекрити
狼	вук
大きい	велик, крупан
大きさ	величина
多く	много
多くの	многи
大袈裟な	претеран
オーケストラ	оркестар
オーストリア	Аустрија
オーストリアの	аустријски
オーストリア人	Аустријанац, Аустријанка
大勢の	бројан
大通り	булевар
オートバイ	мотоцикл
オーバー	капут
大麦	јечам
丘	брдо, брег
～お蔭で	захваљујући
おかしい	смешан, чудан
犯す	прекршити, силовати
侵す	повредити
拝む	помолити се
小川	поток
沖	пучина
起き上がる	дићи се
補う	допунити, надокнадити
起きる	пробудити се, подићи се, устати

おそく

置く	ставити, поставити, метнути, наместити	抑える	сузбити, кочити
置いておく	држати	幼い	млад, детињаст
奥	дубина	収まる	сместити се; смирити се
〜の奥に	иза		
億	сто милиона	収める	сместити
十億	милијарда	治める	управљати, владати
奥さん	госпођа, супруга	唖の	нем
		伯父/叔父	стриц, ујак, теча
屋上	кров		
臆病な	плашљив	惜しい	штета
臆病者	кукавица	お爺さん	деда, старац
贈物	поклон, дар	押し入れ	плакар
送る	послати, упутити	教え	учење
		教える	научити, обучити
贈る	поклонити, подарити		
		お辞儀する	поклонити се
遅れる	закаснити	小父さん	чика
遅れて	касно	押し付ける	наметнути
後れる	заостати	惜しむ	жалити
起こす	пробудити, дићи, подићи, изазвати	おしゃべりする	ћаскати
		お嬢さん	госпођица
厳かな	свечан	白粉	пудер
行う	учинити, обавити, вршити	押す	гурнути
		圧す	притиснути, стиснути
怒る	наљутити се	雄	мужјак
怒った	љут, бесан	汚染	загађење
起こる	догодити се, десити се	汚染する	загадити
		遅い	касан; спор
おごる	частити	襲う	напасти, навалити
押さえる	држати		
		遅く	касно

恐らく	вероватно	踊る	одиграти
恐れ	бојазан	衰える	ослабити
恐れる	бојати се,	驚かす	изненадити
	уплашити се	驚く	изненадити се,
恐ろしい	страшан,		зачудити се
	ужасан	お腹	стомак
穏やかな	умерен, благ	同じ	исти, једнак
陥る	упасти	鬼	ђаво
落ち着く	смирити се,	斧	секира
	сместити се	伯母/叔母	тетка, стрина,
落ち着かな	немиран		ујна
い		お婆さん	баба, старица
落ちる	пасти,	小母さん	тетка
	испасти,	帯	појас
	опасти	夥しい	обилан
夫	муж, супруг	脅かす	угрозити
音	звук	オペラ	опера
弟	брат	覚え	белешка
脅かす	уплашити	覚える	научити,
お伽噺	бајка		запамтити
男	мушкарац,	溺れる	удавити се
	човек, људи	お前	ти
男の	мушки	お前の	твој
威し	претња	お前たち	ви
落とす	испустити	お前たちの	ваш
威す	претити	おまけ	додатак
訪れる	посетити	おむつ	пелена
一昨日	прекјуче	重い	тежак
大人しい	миран, тих,	思い	мисао,
	послушан		осећање
大人の	одрастао	思いがけない	неочекиван
乙女	девица	思い出させる	подсетити
囮	мамац	思い出す	сетити се
踊り	игра, плес	思い出	успомена,
踊り子	играчица		сећање
劣る	заостати	思い遣り	обзир, брига

思う	помислити	折れる	сломити се, савити се
重さ	тежина		
面白い	интересантан, занимљив	オレンジ	поморанџа
		愚かな	глуп
玩具	играчка	おろし金	ренде
表	лице	下ろす	спустити
主な	главни	降ろす	скинути
重荷	терет	終わり	крај, конац, завршетак
主に	углавном, претежно		
		終わる	завршити се
重んじる	уважити	音楽	музика
親	родитељ	音楽会	концерт
親方	мајстор	音節	слог
おやつ	ужина	温泉	бања
親指	палац	温度	температура
泳ぐ	пливати	雄鶏	петао
凡そ	отприлике	女	жена
凡その	приближан	女の	женски
および	и	音符	нота
及ぶ	достићи		
折	прилика, повод	**か, カ**	
～の折に	приликом	蚊	комарац
檻	кавез	～か	да ли; или
オリーブ	маслина	課	лекција; одсек
織物	тканина, текстил	蛾	ноћни лептир
		～が	а, али
下りる	спустити се	カーテン	завеса
降りる	сићи	カーネーション	каранфил
オリンピック	олимпијада		
折る	поломити, сломити, савити	カーブ	кривина, превој
		櫂	весло
織る	саткати	貝	шкољка
オルガン	оргуље	～回	пут

かい [242]

会	састанак, веће; удружење	概して	уопште
階	спрат	会社	фирма, компанија
害	штета	解釈する	протумачити
～街	четврт	外出	излазак
会員	члан	外出する	изаћи
海王星	Нептун	解消する	раскинути
絵画	сликарство	解説	коментар
外貨	девизе	改善する	побољшати, поправити
改革	реформа	海賊	гусар
改革する	реформисати	会談	разговор
会館	дом, палата	階段	степенице, степениште
海岸	приморје		
会議	седница, састанак, конференција	会長	председник
		快適な	удобан, угодан
階級	класа, чин	回答	одговор
海峡	теснац	解答	решење
会計	каса, благајна	街道	друм
解決	решење	外套	капут
解決する	решити	概念	појам
解雇	отказ	開発する	развити
解雇する	отпустити	外部の	спољни
会合	састанак	外部から	споља
外交	дипломатија	回復	опоравак
外交官	дипломата	回復する	опоравити се
外国	иностранство	解放	ослобођење
外国の	иностран, стран	解放する	ослободити
		買い物	куповина
外国人	странац, странкиња	解約	отказ
		改良	реформа
開催する	одржати	改良する	усавршити
解散する	распустити	会話	разговор
開始	почетак	買う	купити
開始する	почети	飼う	одгајити

返す	вратити	書留の	препоручен
楓	јавор	書き留める	забележити
帰り	повратак	書き取る	записати
帰る	вратити се	垣根	ограда
変える	променити, изменити, претворити	掻き回す	промешати
		限り	граница
		〜する限り	док
代える	заменити, сменити	限りない	неограничен
		限る	ограничити
換える	разменити	欠く	недостајати
蛙	жаба	掻く	почешати
顔	лице	書く	написати
香り	мирис	画く	нацртати, насликати
香る	мирисати		
画家	сликар	核	језгро
抱える	обухватити	核の	нуклеаран
価格	цена	角	угао
化学	хемија	嗅ぐ	помирисати, оњушити
科学	наука		
科学者	научник	家具	намештај
掲げる	истаћи	家具を入れる	наместити
案山子	страшило		
踵	пета	額	рам
鏡	огледало	格言	изрека
屈める	сагнути	覚悟	спремност
屈む	сагнути се	覚悟ができた	спреман
輝かしい	блистав		
輝き	сјај	確実な	сигуран, известан
輝く	сијати, заблистати		
		学者	научник
掛かる	висити; коштати, стати	学習	учење
		確信する	уверити се
		隠す	сакрити
〜拘わらず	упркос	学生	студент, студенткиња
鍵	кључ		
書き写す	преписати	拡声器	звучник

[243]　　かくせいき

かくだいする [244]

拡大する	повећати, увеличати	籠	корпа, кош, кавез
拡張する	проширити	囲い	ограда
学長	ректор	囲う	оградити
確定する	утврдити	加工	обрада, прерада
角度	угао		
獲得する	освојити, стећи	加工する	обрадити, прерадити
確認	потврда	囲む	окружити, обухватити
確認する	потврдити		
学年	разред	傘	кишобран
楽譜	нота	笠	шешир
学部	факултет	火災	пожар
確保する	обезбедити	重なる	поклопити се
革命	револуција	重ねる	сложити
学問	наука	かさぶた	краста
確率	вероватноћа	飾り	украс
隠れる	сакрити се, склонити се	飾る	украсити
		火山	вулкан
賭け	опклада	樫	храст
陰	хладовина	貸し	позајмица
影	сенка	菓子	колач
歌劇	опера	舵	кормило
掛け算	множење	家事	домаћинство
駆け出す	потрчати	火事	пожар
駆け付ける	похитати	賢い	мудар
掛ける	окачити, обесити; помножити; полити	貨車	вагон
		菓子屋	посластичарница
		鍛冶屋	ковач
		歌手	певач, певачица
賭ける	кладити се		
欠ける	фалити, оскудевати	果樹園	воћњак
		齧る	угристи
駆ける	потрчати	貸す	позајмити
過去	прошлост	数	број
過去の	прошли	ガス	плин, гас

かてい

微かな	слаб, нејасан				проспект
霞	измаглица	～傍らに	покрај		
風	ветар	勝ち	победа		
風邪	прехлада, назеб, кијавица	価値 価値ある 家畜	вредност вредан стока		
火星	Марс	鵞鳥	гуска		
稼ぎ	зарада	勝つ	победити, савладати		
稼ぐ	зарадити				
数え上げる	набројати	学科	одсек		
数える	избројити	がっかりした	разочаран		
家族	породица фамилија	学期 楽器	семестар инструмент		
ガソリン	бензин	学級	одељење		
型	тип, модел	担ぐ	понети		
肩	раме, плећа	括弧	заграда		
固い	тврд, чврст	格好	облик, изглед		
堅い	крут	郭公	кукавица		
課題	задатак	学校	школа		
肩書き	звање, титула	活字	слог		
肩掛け	шал	合唱	хор		
固さ	тврдоћа, чврстина	滑走路 嘗て	писта икада, некада		
形	облик, форма	嘗ての	некадашњи		
片付ける	уредити, средити	勝手な 活動	самовољан активност, делатност		
蝸牛	пуж				
刀	мач	活動する	деловати		
塊	комад, маса	活発な	активан, жив		
傾き	нагиб	カップ	пехар		
傾く	нагнути се	仮定	претпоставка		
傾ける	нагнути	仮定する	претпоставити		
固める	учврстити	家庭	дом, породица		
語る	испричати, говорити	家庭の 課程	домаћи курс		
カタログ	каталог,	過程	процес		

かど [246]

角	угао, ћошак	カフェー	кафана
悲しい	тужан, жалостан	株式	акција, деоница
悲しみ	туга, жалост	被せる	прекрити
悲しむ	туговати, жалити	兜	шлем, кацига
金槌	чекић	被る	ставити; полити се
必ず	сигурно	壁	зид
かなり	прилично, знатно	貨幣	новац
		南瓜	бундева
かなりの	приличан, знатан	釜	лонац, котао
		鎌	коса
蟹	рак	竈	огњиште
加入	приступ	我慢	стрпљење
加入する	приступити	我慢する	издржати, трпети
金	метал; новац		
鐘	звоно	我慢強い	стрпљив
金持ち	богаташ	紙	папир, хартија
金持ちの	богат	神	бог, богиња
兼ねる	спојити	髪	коса
可能な	могућ	剃刀	бријач
可能にする	омогућити	噛み付く	ујести
可能性	могућност	雷	гром, грмљавина
彼女	она		
彼女の	њен	噛む	жвакати, угристи
彼女ら	оне		
彼女らの	њихов	咬む	ујести
河馬	нилски коњ	亀	корњача
カバー	покривач	カメラ	фото-апарат, камера
鞄	торба, ташна		
黴	буђ	仮面	маска
花瓶	ваза	画面	екран
株	акција, деоница	科目	предмет
		貨物	терет, роба
蕪	репа, цвекла, ротква	鴎	галеб
		火薬	барут

粥	каша	彼らの	њихов
痒い	сврбети	枯れる	увенути
痒み	свраб	カレンダー	календар
通う	похађати, ићи	画廊	галерија
火曜日	уторак	川	река
空の	празан	皮	кожа, кора
空にする	испразнити	革	кожа
殻	кора, љуска	側	страна
～から	из, од, са	可愛い	мио, сладак
～してから	пошто	可愛がる	размазити
～だから	јер, пошто	可哀相な	јадан, тужан
柄	шара	渇いた	жедан
柄の	шарен	乾かす	осушити
カラーの	колор	渇き	жеђ
辛い	љут, слан	乾く	осушити се
からし	сенф	乾いた	сув
烏	гавран, врана	瓦	цреп
ガラス	стакло	代わり	замена
体	тело	～の代わりに	уместо
狩	лов	変わる	променити се, претворити се
借り	дуг, позајмица		
借りがある	дужан	代わる	заменити, сменити се
狩人	ловац		
仮の	привремен	勘	њух
借りる	позајмити; дуговати	巻	том
		缶	конзерва
刈る	покосити; ошишати	癌	рак
狩る	уловити	考え	мишљење, замисао
軽い	лак, лаган		
軽さ	лакоћа	考え出す	измислити
カルタ	карта	考える	помислити, замислити, размислити; сматрати
彼	он		
彼の	његов		
ガレージ	гаража		
彼ら	они	感覚	чуло, осећај

かんかく [248]

間隔	размак, одстојање
観客	гледалац, публика
環境	околина, средина
関係	однос, веза
関係する	односити се
歓迎	поздрав
歓迎する	поздравити
感激する	одушевити се
看護	нега
看護する	неговати
観光	туризам
観光客	туриста
韓国	Кореја
韓国の	корејски
韓国人	Корејац, Корејка
頑固な	тврдоглав
看護婦	медицинска сестра
観察する	посматрати
感じ	осећај
感謝	захвалност
感謝する	захвалити се
患者	пацијент
感じ易い	осећајан, осетљив
観衆	публика
願書	молба, пријава
干渉する	умешати се
勘定	рачун
勘定する	избројити
感情	осећање, осећај, емоција
頑丈な	чврст
感じる	осетити
関心	интерес
関心がある	заинтересован
関心をひく	интересовати
関心を持つ	интересовати се
感心する	дивити се
肝心な	битан
関する	тицати се
～に関して	о
完成する	довршити
関税	царина
関節	зглоб
間接の	посредан, индиректан
完全な	савршен, потпун
感想	утисак
肝臓	јетра, цигерица
観測する	посматрати
歓待	гостопримство
簡単な	прост
寒暖計	термометар
感嘆符	узвичник
缶詰	конзерва
感動的	дирљив
監督	режисер, тренер
鉋	ренде, струг
観念	идеја, појам, представа
乾杯する	наздравити
旱魃	суша
頑張る	држати се, истрајати

きざむ

看板	фирма, натпис
甲板	палуба
幹部	руководилац, кадар
潅木	жбун
冠	круна
管理	контрола
管理する	контролисати, управљати
管理人	управник
官僚	бирократија
関連	веза
緩和する	ублажити

き, キ

木	дрво, дрвеће, стабло
木の	дрвен
気	дух
木苺	малина
黄色い	жут
議員	посланик, одборник
消える	изгубити се; угасити се
記憶	памћење, меморија
記憶する	запамтити
気温	температура
機械	машина
機会	прилика, шанса
議会	скупштина, парламент
機械工	механичар
着替える	пресвући се
企画	пројект
期間	период, раздобље, термин
器官	орган
機関車	локомотива
危機	криза
効き目	дејство
企業	предузеће
戯曲	драма
基金	фонд
飢饉	глад
効く	деловати
聞く	чути; питати; послушати
聴く	слушати
菊	хризантема
器具	апарат, инструмент
喜劇	комедија
危険	опасност, ризик
危険な	опасан, ризичан
棄権する	уздржати се
期限	рок
機嫌	расположење
起源	порекло
気候	клима
機構	организација
記号	знак, симбол
聞こえる	чути, чути се
既婚の	ожењен, удата
兆し	наговештај
刻む	исецкати

岸	обала	基礎	основа, темељ, база
騎士	витез	基礎の	основан
雉	фазан	寄贈する	подарити
記事	чланак	規則	правило, пропис
技師	инжењер	規則正しい	правилан
儀式	свечаност, обред	貴族	аристократија, племић, племкиња
気質	ћуд, нарав	北	север
期日	рок	北の	северни
軋む	шкрипити	ギター	гитара
汽車	воз	気体	гас
起重機	дизалица	期待する	очекивати
記述	опис	汚い	прљав
記述する	описати	基地	база
技術	техника, технологија, умеће	気違いの	луд
技術者	техничар	貴重な	драг, драгоцен
基準	стандард	議長	председник
キス	пољубац	きちんとした	уредан
キスする	пољубити	きつい	тесан; напоран
傷	рана, повреда	きっかけ	повод
奇数	непар, непарни број	気付く	приметити, опазити, запазити, уочити
築く	изградити, сазидати		
傷付く	повредити се	喫茶店	кафић
傷付ける	ранити, поредити	啄木鳥	детлић
規制する	регулисати	切手	марка
犠牲	жртва	きっと	сигурно; ваљда
犠牲にする	жртвовати		
奇跡	чудо	狐	лисица
季節	сезона, годишње доба	切符	карта, улазница
着せる	обући	規定	одредба

規定する	одредити
気取る	правити се
気に入る	допасти се, свидети се
記入する	уписати, попунити
絹	свила
絹の	свилен
記念	успомена
記念する	обележити
記念碑	споменик
記念日	годишњица
昨日	јуче
昨日の	јучерашњи
機能	функција
気の利いた	духовит
茸	гљива, печурка
気の毒だ	жао
厳しい	строг, ригорозан; суров
寄付	прилог
気分	расположење
規模	размер
希望	нада
希望する	надати се
基本	основ
基本的	основан
気紛れな	ћудљив
気まずい	неугодан
決まり	правило
欺瞞	обмана
君	ти
君の	твој
気短な	нестрпљив
君たち	ви
君たちの	ваш
奇妙な	чудан
気味悪い	језив
義務	обавеза, дужност
義務の	обавезан
義務がある	дужан
決める	одлучити
気持ち	осећање
気持ちよい	пријатан; пријати
着物	одећа
疑問	питање, сумња
疑問符	упитник
客	гост, гошћа, посетилац, муштерија
逆の	обратан, обрнут
逆に	обратно
客室	кабина
客車	вагон
客好きな	гостољубив
脚本	сценарио
客間	салон
客観的	објективан
キャベツ	купус
キャンプ	логор
九	девет
球	кугла
休暇	распуст, одсуство, одмор
嗅覚	њух
窮屈な	тесан

きゅうけい [252]

休憩	одмор, пауза	協会	друштво
休憩する	одморити се	教会	црква
急激な	нагао	境界	граница
急行	експрес	教科書	уџбеник
求婚する	просити	競技	такмичење
給仕	келнер, конобар	行儀	држање
		競技場	стадион
休日	празник	供給	понуда
吸収する	упити	供給する	понудити, снабдевати
九十	деведесет		
救助する	спасти	教訓	лекција, поука
休戦	примирје	共産主義	комунизам
宮廷	двор	共産主義者	комуниста
宮殿	палата	教師	учитељ, учитељица, наставник, наставница
急な	хитан, нагао; стрм		
牛肉	говедина		
牛乳	млеко	行事	догађај
九番の	девети	教室	учионица
九百	деветсто	教授	професор
胡瓜	краставац	強制	принуда
給料	плата	強制する	принудити
清い	чист	行政	управа
器用な	спретан	業績	достигнуће
今日	данас	競争	утакмица, такмичење, конкуренција
今日の	данашњи		
行	ред		
脅威	претња	競争する	такмичити се
教育	образовање, просвета	競走	трка
		兄弟	браћа
教育する	образовати, школовати, васпитати	強調	нагласак
		強調する	нагласити, истаћи
教員	наставник, наставница	共通の	заједнички
		協定	споразум
強化する	појачати	強度	јачина

共同の	заједнички	切株	пањ
共同体	заједница	ギリシャ	Грчка
脅迫	претња	ギリシャの	грчки
脅迫する	претити	ギリシャ人	Грк, Гркиња
恐怖	страх, ужас	キリスト	Христ
興味	занимање	キリスト教	хришћанство
興味をひく	занимати	キリスト教徒	хришћанин
興味を持つ	занимати се	規律	дисциплина
教養	образовање, култура	切り抜く	исећи
		切り抜ける	снаћи се, извући се
協力	сарадња	切り離す	одвојити
協力する	сарађивати	切る	посећи, исећи; искључити
強力な	моћан, силан, снажан		
強烈な	силан	着る	обући, обући се; носити
行列	поворка, ред		
共和国	република		
許可	дозвола	切れ	парче; крпа
許可する	дозволити, одобрити	綺麗な	згодан; чист
		綺麗にする	очистити
漁業	рибарство	切れる	прекинути се, откинути се; истећи
局	одељење		
極	пол		
極度の	крајњи	キロ	километар; килограм
局面	фаза		
巨人	цин	記録	документ, запис; рекорд
巨大な	огроман		
去年	лане	記録する	забележити, записати
拒否する	одбити		
距離	даљина, удаљеност	議論	расправа, дискусија
嫌いだ	мрзети	議論する	расправљати, дискутовати
嫌う	мрзети		
気楽な	безбрижан	極めて	веома, врло
錐	сврдло	気を付ける	пазити, чувати се
霧	магла	金	злато

金の	златан
銀	сребро
銀の	сребрен
金額	сума, износ
緊急の	хитан
金庫	каса
銀行	банка
禁止	забрана
禁止する	забранити
近視の	кратковид
近所	суседство
禁じる	забранити
金星	Венера
金銭	новац
金属	метал
近代的	модеран
緊張	напетост
筋肉	мишић
金髪の	плав
勤勉な	марљив, вредан
勤務	служба
金融	финансије
金曜日	петак
金利	камата

く, ク

句	фраза, стих
区	општина
九	девет
具合	стање
杭	колац
クイズ	квиз
食う	појести
空間	простор
空気	ваздух, атмосфера
空港	аеродром
偶数	пар, парни број
偶然	случај
偶然の	случајан
空想	машта
空想する	маштати
空腹	глад
空腹の	гладан
九月	септембар
区間	деоница
茎	стабљика
釘	ексер
草	трава
臭い	смрдљив; смрдети
楔	клин
鎖	ланац
腐る	покварити се
腐った	покварен
櫛	чешаљ
籤	жреб, лутрија
孔雀	паун
くしゃみをする	кијати
苦情	жалба
鯨	кит
屑	отпадак
くすぐったい	голицати
くすぐる	голицати
崩す	срушити
薬	лек
薬屋	апотека

崩れる	срушити се, распасти се
癖	навика, склоност
管	цев
具体的	конкретан
砕く	разбити
砕ける	разбити се
草臥れる	уморити се
果物	воће
下る	сићи
～を下って	низ
口	уста, отвор
くちばし	кљун
唇	усна
口笛	звиждук
口笛を吹く	звиждати
口紅	кармин, руж
口調	тон
靴	ципела
苦痛	бол, мука
靴下	чарапа
くつろぐ	опустити се
国	земља
配る	поделити
九番の	девети
首	врат
首飾り	огрлица
首輪	огрлица
工夫	изум
区別	разлика
区別する	разликовати
熊	медвед
組	одељење; пар
組合	синдикат, задруга
組み合わせ	комбинација
組み合わせる	комбиновати
組立	монтажа
組み立てる	склопити, монтирати, саставити
組む	саставити
雲	облак
蜘蛛	паук
曇りの	облачан
悔しい	криво
鞍	седло
暗い	мрачан, таман
位	чин
～くらい	око
暮らし	живот
暮らす	живети
クラス	одељење
クラブ	клуб
グラフ	графикон
比べる	упоредити
グラム	грам
暗闇	мрак
栗	кестен
クリーム	крем
繰り返す	поновити
クリスマス	Божић
グリンピース	грашак
来る	доћи
グループ	група
苦しい	тежак
苦しみ	мука, патња
苦しむ	намучити се, патити
苦しめる	намучити
くるぶし	чланак

車	кола, точак	芸	вештина
胡桃(くるみ)	орах	敬意	поштовање
くるむ	увити	経過	ток
クレーン	дизалица	経過する	протећи
クレジット	кредит	警戒する	чувати се
呉れる	дати	計画	план, програм
クロアチア	Хрватска	計画する	планирати
クロアチアの	хрватски	経験	искуство
		傾向	тенденција, склоност
クロアチア人	Хрват, Хрватица	警告	упозорење
黒い	црн	警告する	упозорити
苦労	мука	経済	привреда, економија
苦労する	намучити се		
玄人	професионалац	経済的	економичан
玄人の	професионалан	警察	полиција, милиција
鍬	мотика		
加える	додати	警察官	полицајац
詳しい	детаљан, исцрпан, опширан	計算	рачун
		計算する	израчунати
		計算機	рачунар, дигитрон
企てる	преузети		
軍	војска, армија	形式	форма
軍の	војни	形式的	формалан
勲章	одликовање, орден	傾斜	нагиб
		芸術	уметност
軍人	војник	芸術家	уметник, уметница
軍隊	војска		
訓練	обука	形成する	формирати, образовати
訓練する	обучити		
		継続する	продужити
け, ケ		系統	линија
		経費	трошкови
毛	длака, влас; вуна	軽蔑	презир
		軽蔑する	презрети
毛の	вунен	警報	узбуна, аларм

刑務所	затвор	月刊の	месечни
契約	уговор	月間の	месечни
形容詞	придев	結婚	брак, женидба, удаја
経歴	каријера, стаж		
痙攣	грч	結婚する	венчати се, оженити се, удати се
ケーキ	торта, колач		
ゲーム	игра		
怪我	повреда	結婚式	венчање, свадба
怪我をする	повредити се		
外科	хирургија	傑作	ремек-дело
毛皮	крзно, бунда	決算	обрачун
劇	драма	決して	никада, никако
劇的	драматичан		
劇場	позориште	月謝	школарина
激励する	охрабрити	決勝	финале
今朝	јутрос	結晶	кристал
今朝の	јутрошњи	決心する	одлучити се
罌粟	мак	欠席	одсуство
景色	предео	欠席する	одсуствовати
消しゴム	гумица	決定	одлука
化粧	шминка	決定する	одлучити
化粧する	шминкати	欠点	мана, недостатак
化粧品	козметика		
消す	избрисати, угасити	決闘	двобој
		げっぷが出る	подригнути
下水	канализација	欠乏	оскудица
削る	стругати, наоштрити	欠乏する	оскудевати
		結末	исход
獣	звер	月曜日	понедељак
吝嗇	циција	結論	закључак
吝嗇な	шкрт	結論する	закључити
血圧	крвни притисак	気配	знак
血液	крв	下品な	непристојан, прост
結果	резултат, последица		
結核	туберкулоза	毛虫	гусеница
		煙	дим

下痢	пролив	現在	садашњост
蹴る	шутирати	現在の	садашњи
けれど	али	原作	оригинал
～けれど	иако, мада	検事	тужилац
険しい	стрм	原子	атом
件	предмет	堅実な	солидан
券	карта	現実	стварност, реалност
剣	сабља		
権威	ауторитет, углед	現実の	стваран, реалан
原因	узрок	原始的	примитиван
喧嘩	свађа	厳重な	строг
喧嘩する	посвађати се	現象	феномен, појава
見解	гледиште		
厳格な	строг, крут	減少する	смањити се
玄関	улаз, предсобље	原子力の	нуклеалан
		元帥	маршал
元気な	здрав	建設	градња, изградња
元気だ	добро		
元気になる	оздравити	建設する	изградити
研究	студија	健全な	здрав
研究する	студирати, проучити	源泉	извор
		元素	елемент
研究室	кабинет	幻想	фантазија, илузија
言及する	поменути		
研究所	институт, завод	幻想的	фантастичан
		現像する	развити
謙虚な	скроман	原則	начело, правило
現金	готовина		
言語	језик	原則的	начелан
健康	здравље	現代の	савремен
健康な	здрав	見地	гледиште
原稿	рукопис	建築	архитектура
検査	преглед, контрола	建築家	архитекта
		限度	граница
検査する	прегледати	検討する	размотрити

現場	терен	光栄	част
顕微鏡	микроскоп	公園	парк
憲法	устав	公演	представа
賢明な	мудар	講演	предавање
幻滅	разочарање	効果	ефект, дејство
権利	право	航海	пловидба
原理	принцип	航海する	пловити
原料	сировина	後悔する	покајати се
権力	власт, моћ	公害	загађење
言論	говор	公開の	јаван, отворен
		郊外	предграђе
		工学	технологија

こ, コ

		合格する	положити
子	дете, деца	効果的	ефектан,
〜個	комад		ефикасан
弧	лук	高価な	драгоцен, скуп
故〜	покојни	豪華な	раскошан
五	пет	交換	размена
語	реч	交換する	разменити
濃い	густ, таман	交換局	централа
恋	љубав	講義	предавање
鯉	шаран	講義する	предавати
恋する	заљубити се	抗議	протест
恋人	љубав, дечко,	抗議する	протестовати
	девојка	好奇心	радозналост
乞う	просити	公共の	јаван
こう	овако	工業	индустрија
公	кнез	鉱業	рударство
行為	чин, акт,	工具	алат
	радња, дело	光景	призор, сцена
合意	споразум	合計	сума, збир
更衣室	гардероба	合計する	сабрати
後遺症	последица	攻撃	напад, навала
工員	радник	攻撃する	напасти
幸運	срећа	貢献	допринос
幸運な	срећан	貢献する	допринети

高原	висораван	功績	заслуга
高校	гимназија	鉱石	руда
皇后	царица	光線	зрак
広告	реклама, оглас	構想	замисао, концепција
広告する	рекламирати		
口座	рачун	構造	структура
講座	течај	高速道路	ауто-пут
交際する	забављати се	交替	смена
耕作	обрада	交替する	сменити
耕作する	обрадити	後退する	назадовати, одступити
交差する	укрстити се		
交差点	раскрсница	紅茶	чај
降参	предаја	校長	директор
降参する	предати се	交通	саобраћај, промет
鉱山	рудник		
格子	решетка	皇帝	цар, царица
講師	предавач	肯定的	позитиван
子牛	теле	鋼鉄	челик
工事	радови	高度	висина
公式の	званичан, службен	硬度	тврдоћа
		行動	акција, поступак
交渉	преговор		
交渉する	преговарати	行動する	поступити
工場	фабрика, погон	講堂	дворана, сала
		強盗	разбојник
行進	марш, поворка	購入	набавка
行進する	корачати	購入する	набавити
構図	композиција	こうのとり	рода
香水	мирис, парфем	公妃	кнегиња
洪水	поплава	坑夫	рудар
攻勢	офанзива	幸福	срећа
公正な	частан	幸福な	срећан
構成	састав	降伏	капитулација
構成する	саставити, сложити, компоновати	鉱物	минерал
		興奮	узбуђење
		興奮する	узбудити се

こころみ

公平な	праведан, правичан	国産の	домаћи
候補	кандидат	国籍	држављанство
公務	служба	告訴する	тужити
公務の	службен	国土	земља
項目	тачка	国内の	домаћи, унутрашњи
合理的	рационалан	告白	исповест
考慮	обзир	告白する	исповедити
考慮する	размотрити	告発	оптужба
効力	ефект	告発する	оптужити
声	глас	黒板	табла
越える	прећи	克服する	савладати
～を越えて	преко	国民	нација, народ, држављанин, држављанка
超える	премашити		
コース	курс		
コーチ	тренер	穀物	жито
コート	мантил	極楽	рај
コード	гајтан	国立の	државни
コーヒー	кафа	苔	маховина
氷	лед	焦げる	загорети
氷の	леден	ここ	овде, ту
凍る	заледити се	ここの	овдашњи
ゴール	гол	ここに	ево
蟋蟀	цврчак	ここから	одавде
誤解	неспоразум, заблуда	ここまで	довде, дотле
		午後	поподне
小刀	нож	午後の	поподневни
五月	мај	凍える	смрзнути се
小切手	чек	個々の	појдини
呼吸する	дисати	九日	девети
故郷	завичај	九つ	девет
漕ぐ	веслати	心	душа, срце
ごく	врло	心からの	срдачан
国外の	иностран	心細い	беспомоћан, несигуран
国際的	интернационалан, међународни		
		試み	покушај

こころみる [262]

試みる	покушати	古典	класика
快い	пријатан	事	ствар
小匙	кашичица	孤独	самоћа
腰	кук	孤独な	усамљен
腰掛け	столица	言付け	порука
腰掛ける	сести	言付ける	поручити
乞食	просјак	異なる	разликовати се
五十	педесет	異なった	различит,
ご主人	супруг		друкчији,
故障	квар		другачији
故障する	покварити се	殊に	нарочито
胡椒	бибер	言葉	језик, реч
拵える	направити	子供	дете, деца
個人	појединац	子供の	дечји
個人の	личан	諺	пословица
故人	покојник	断る	отказати,
越す	прећи		одбити
擦る	истрљати	粉	прах, прашак,
午前	преподне		брашно
午前の	преподневни	捏ねる	умесити
固体	чврсто тело	この	овај
答え	одговор	好み	склоност
答える	одговорити	好む	волети; склон
木霊	ехо, одјек	このような	оваков
誇張する	претерати	このように	овако
こちらへ	овуда, овамо	拒む	одбити
国家	држава	五番の	пети
国家の	државни	コピー	копија, препис
国歌	химна	子羊	јагње
国会	парламент	小人	патуљак
小遣い	цепарац	五百	петсто
国境	граница	瘤	чворуга
コック	кувар	拳	песница
こっそり	кришом	子豚	прасе
小包	пакет	個別の	појединачан
コップ	чаша		

零す	пролити; жалити се
零れる	пролити се
駒	фигура
独楽	чигра
胡麻	сезам
細かい	ситан, фин
困らせる	гњавити
困る	незгодно
塵芥	смеће, ђубре, отпадак
小道	стаза
ゴム	гума
ゴムの	гумен
小麦	пшеница
小麦粉	брашно
米	пиринач
こめかみ	слепоочница
子守唄	успаванка
小屋	колиба
肥やし	ђубре, ђубриво
固有の	сопствен, својствен
雇用	запосленост
雇用する	запослити
暦	календар
堪える	уздржати се
娯楽	разонода, забава
孤立	изолација
これ	ово
これから	одсада
これまで	досада
これほど	оволико
これほどの	оволики
頃	око
転がす	котрљати, ваљати
転がる	котрљати се, ваљати се
殺す	убити
転ぶ	пасти
怖い	страшан
怖がりの	плашљив
怖がる	уплашити се, бојати се
壊す	покварити, уништити
壊れる	покварити се
壊れた	покварен
紺の	тегет
根拠	основ
コンクール	конкурс
コンクリート	бетон
今後	одсада, убудуће
混雑	гужва
コンサート	концерт
献立	јеловник
昆虫	инсект
今度	ускоро, сада
今度の	идући, садашњи
こんな	овакав
こんなに	оволико
困難	тешкоћа
困難な	тежак
今日	данас
今日の	данашњи
コンパス	шестар
今晩	вечерас

コンピューター [264]

今晩の	вечерашњи
コンピューター	компјутер
コンマ	запета, зарез
今夜	ноћас, вечерас
今夜の	ноћашњи, вечерашњи
婚約	веридба
婚約する	верити се
婚約者	вереник, вереница
混乱	поремећај, неред, забуна
混乱する	пореметити се
困惑	забуна

さ, サ

差	разлика
さあ	хајде
サーカス	циркус
サービス	услуга
～際して	при
～の際に	приликом
再開	обнова
再開する	обновити
災害	непогода
最近	скоро
最近の	скорашњи
細菌	клица, бактерија
細工	рад
再建	обнова
再建する	обновити
最後	крај

最後の	крајњи, задњи, последњи
在庫	залиха
最高の	врховни, врхунски
賽子(さいころ)	коцка
財産	имовина, имање
祭日	празник
最終の	коначан
最初の	први
サイズ	величина
財政	финансије
催促する	ургирати
～最中に	усред
採点する	оценити
再度	поново
災難	несрећа
才能	талент
才能ある	талентован
栽培する	одгајити
裁判	суђење
裁判官	судија
裁判所	суд
財布	новчаник
細部	детаљ
裁縫	шивење
細胞	ћелија
材木	дрво
採用する	примити, усвојити
材料	материјал
サイレン	сирена
幸い	срећа
サイン	потпис
さえ	чак

囀る	цвркутати	桜	трешња
竿	мотка	さくらんぼう	трешња, вишња
坂	узбрдица, низбрдица	酒	пиће, ракија, вино
境	међа		
栄える	процветати	叫び	узвик, крик
逆さまに	наопако	叫ぶ	викнути, крикнути
探す	потражити		
杯	пехар	裂ける	поцепати се
魚	риба	避ける	избећи
下がる	спустити се; назадовати	下げる	спустити, снизити
盛り	врхунац	些細な	ситан
先	врх	支える	држати, подржати
先に	пре		
先へ	напред, унапред	捧げる	посветити
		囁き	шапат
～の先に	пре	囁く	шапнути
鷺	чапља	匙	кашика
作業	рад	挿絵	илустрација
作業場	радионица	指図	упутство
咲く	процветати	差し出す	пружити
裂く	поцепати	差し支え	сметња
柵	ограда	差し引く	одбити
策	мера	査証	виза
作者	аутор	刺す	убости
作成	израда	座席	седиште
作成する	израдити	させる	учинити, пустити, натерати, приморати
作戦	операција		
昨年	лане		
昨晩	синоћ		
作品	дело, рад, комад	～させる	нека
		定める	одредити
作文	састав	～冊	примерак
昨夜	синоћ, ноћас	札	новчаница
昨夜の	ноћашњи	撮影する	снимити

作家	писац, књижевник	さもないと	иначе
サッカー	фудбал	鞘	корице
殺害	убиство	作用	дејство
作曲	композиција	作用する	деловати
作曲する	компоновати	左翼	левица
作曲家	композитор	皿	тањир
雑誌	часопис	曝す	изложити
殺人	убиство	サラダ	салата
殺人者	убица	更に	даље, штавише
察する	судити	去る	отићи
雑草	коров	猿	мајмун
早速	одмах	騒がしい	бучан
雑談する	ћаскати	騒ぎ	галама, бука
さっぱり	нимало	騒ぐ	галамити
砂糖	шећер	爽やかな	свеж
悟る	схватити	触る	дирнути, пипнути
鯖	скуша		
裁く	судити	～さん	господин, госпођа, госпођица
沙漠	пустиња		
錆	рђа		
寂しい	пуст	三	три
淋しい	усамљен	酸	киселина
錆びる	зарђати	参加	учешће
～様	господин, госпођа, госпођица	参加する	учествовати
		賛歌	химна
		三角	троугао
様々な	разни	参加者	учесник
冷ます	охладити	三月	март
妨げる	омести	産業	индустрија
さ迷う	лутати	参考書	приручник
寒い	хладан	残酷な	окрутан
寒さ	хладноћа, мраз	惨事	катастрофа
		三十	тридесет
鮫	ајкула	算数	математика
冷める	охладити се	賛成する	сложити се

酸素	кисеоник
山賊	хајдук
残念だ	жао
三番の	трећи
三百	триста
散文	проза
三分の一	трећина
散歩	шетња
散歩する	прошетати се

し, シ

四	четири
市	град, општина
師	учитељ
死	смрт
～氏	господин
詩	песма, поезија, стих
字	слово
～時	сат, час
試合	утакмица, меч
試合をする	одиграти
仕上げ	израда
仕上げる	довршити
仕合せ	срећа
仕合せな	срећан
詩歌	поезија
シーズン	сезона
シーソー	клацкалица
シーツ	чаршав
強いる	присилити, приморати
仕入	набавка
仕入れる	набавити
子音	сугласник
塩	со
塩辛い	слан
萎れる	увенути
鹿	јелен
司会	водитељ
四角	квадрат, четвороугао
視覚	вид
資格	квалификација
四角い	четвртаст, коцкаст
仕掛け	механизам
しかし	али, но
しかしながら	међутим
仕方	начин
四月	април
しかも	штавише
叱る	изгрдити
時間	време, сат, час
次官	заменик
時間割	распоред
士気	морал
式	свечаност
直に	убрзо, ускоро
時期	период, доба
時機	прилика
敷居	праг
色彩	боја
指揮者	диригент
指揮する	командовати, дириговати
事業	подухват, дело
頻りに	често, непрестано
資金	средства
敷く	прострети

しくみ	[268]

仕組み	механизам	辞書	речник
刺激	подстицај	市場	тржиште
刺激する	подстаћи	事情	околности,
茂み	грм, жбун		прилике
試験	испит	辞職	оставка
試験する	испитати	詩人	песник,
資源	ресурс		песникиња
事件	случај,	地震	земљотрес
	збивање,	自信	самопоуздање
	догађај	自身	сам, себе
事故	несрећа,	自身の	властит
	незгода, удес	静かな	миран, тих
自己	себе	静かにする	мировати
時刻	сат	滴	кап
地獄	пакао	静けさ	тишина
仕事	посао, занат	静まる	смирити се
司祭	поп	沈む	потонути, зађи
自殺	самоубиство	沈める	потопити
自殺する	убити се	静める	смирити
獅子	лав	姿勢	став
指示	налог	使節	мисија
指示する	наложити	施設	објект,
支持	подршка		установа,
支持する	подржати		завод
支持者	присталица	自然	природа
事実	чињеница	自然な	природан,
死者	мртвац		спонтан
磁石	магнет	思想	мисао
刺繍	вез	子孫	потомак
始終	стално	下の	доњи
四十	четрдесет	下に	доле
自主管理	самоуправљање	下へ	надоле
支出	расход	下から	одоздо
自主的	самосталан	～の下に	под, испод
地所	имање,	～の下へ	под
	парцела	～の下から	испод

舌	језик
死体	леш
事態	ситуација
時代	време, доба
次第に	постепено
従う	послушати
下書き	нацрт, скица
従って	стога
下着	веш, рубље
支度	припрема
支度する	припремити се, спремити се
親しい	присан, близак
親しみ	блискост
親しむ	дружити се
滴る	капати
仕立屋	кројач
七	седам
自治	аутономија, самоуправа
七月	јул
七十	седамдесет
七番の	седми
七面鳥	ћурка
市長	градоначелник
室	просторија
質	квалитет
失業	незапосленост
湿気	влага
躾る	васпитати
実験	експеримент, проба
実現する	остварити, реализовати
しつこい	упоран
実行する	извршити
実際	заиста
実際の	стваран
実施する	спровести
実習	пракса
実践	пракса
質素な	скроман, једноставан
湿地	мочвара
嫉妬	љубомора
嫉妬深い	љубоморан
湿度	влага
じっと	мирно
じっとする	мировати
失敗	неуспех, промашај
失敗する	промашити
尻尾	реп
失望	разочарање
失望した	разочаран
質問	питање
質問する	питати
実用	корист
実用的	практичан
実例	илустрација
失礼な	безобразан
指定する	одредити
指摘する	указати, напоменути
支店	филијара
市電	трамвај
辞典	речник
自転車	бицикл
指導する	руководити
児童	дете, деца
指導者	руководилац, вођа

自動車	аутомобил	閉まる	затворити се
自動的	ауто̀матски	閉まっている	затворен
品物	роба	締まる	стегнути се
しなやかな	витак	自慢	понос
死ぬ	умрети, погинути	自慢する	поносити се, хвалисати се
死んだ	мртав	染み	мрља, флека
支配	владавина, доминација	地味な	скроман, једноставан
支配する	владати	染みる	упити се
芝居	позориште	市民	грађанин
支配人	управник	事務員	службеник, службеница
しばしば	често	事務所	канцеларија, уред
芝生	трава		
支払い	исплата	事務的	пословно
支払う	исплатити	使命	мисија
縛る	везати	示す	показати, означити
慈悲	милост		
字引	речник	締め出す	искључити
辞表	оставка	湿った	влажан
痺れる	утрнути	占める	заузети
自分	себе	閉める	затворити
自分の	свој, сопствен	締める	стегнути
自分で	сам	地面	тло
紙幣	новчаница	霜	иње, мраз
脂肪	маст	社会	друштво, заједница
搾る	исцедити		
資本	капитал		
資本家	капиталиста	社会学	социологија
資本主義	капитализам	社会主義	социјализам
島	острво	社会主義者	социјалиста
縞	пруга	社会的	друштвен, социјалан
縞の	пругаст		
姉妹	сестре	馬鈴薯	кромпир
仕舞う	склонити	しゃがむ	чучнути
縞馬	зебра		

蛇口	славина, чесма	自由	слобода
弱点	слабост	自由な	слободан
車庫	гаража	十	десет
社交的	друштвен	銃	пушка
車掌	кондуктер	周囲	околина
写真	фотографија, слика, снимак	十一	једанаест
		十一月	новембар
写真機	фото-апарат	集会	скуп, збор
写生	скица	収穫	жетва, берба, принос
社長	директор		
シャツ	мајица, кошуља	収穫する	пожњети
		十月	октобар
借款	зајам	習慣	обичај, навика
借金	дуг	週刊誌	недељник
しゃっくりをする	штуцати	週刊の	недељни
		週間の	недељни
しゃぶる	сисати	宗教	религија
喋る	испричати	十九	деветнаест
シャベル	лопата	十五	петнаест
邪魔	сметња, препрека	集合	скуп
		十三	тринаест
邪魔する	сметати	十四	четрнаест
ジャム	џем, пекмез	十字	крст
斜面	падина	従事する	бавити се
砂利	шљунак	十字架	крст
車輛	кола, вагон	十七	седамнаест
車輪	точак	終止符	тачка
洒落	шала	収集	збирка
洒落た	духовит	住所	адреса
シャワー	туш	就職する	запослити се
シャワーを浴びる	туширати	十字路	раскрсница
		囚人	затвореник
ジャングル	џунгла	重心	тежиште
シャンプー	шампон	ジュース	сок
州	покрајина	修繕	поправка
週	недеља	従属	зависност

じゅうだいな

重大な	значајан, озбиљан	重力	тежа
		十六	шеснаест
住宅	стан	守衛	чувар
集団	група, колектив	主観的	субјективан
		手記	записи
絨毯	тепих, ћилим	主義	принцип
集中	концентрација	授業	настава, час
重点	тежиште	授業料	школарина
舅	свекар	祝賀	прослава
シュート	шут	祝辞	честитка
シュートする	шутирати	祝日	празник
		淑女	дама
修道院	манастир	熟す	сазрети
姑	свекрва	熟した	зрео
柔軟な	еластичан	宿題	домаћи задатак
十二	дванаест	祝福	благослов
十二月	децембар	熟練の	искусан
収入	приход	手工業	занатство
十八	осамнаест	主催する	организовати
十番の	десети	趣旨	смисао
十分	доста	種々の	разни
十分な	довољан, потпун	手術	операција
		手術する	оперисати
住民	становник, становништво	主将	капитен
		首相	премијер
重役	директор	主人	господар, домаћин, домаћица
収容所	логор		
収容する	сместити		
重要な	важан, значајан	主人公	јунак, јунакиња
修理	поправка, сервис	種族	племе
		主題	тема
修理する	поправити	手段	средство
終了	завршетак	主張する	тврдити, заступати, инсистирати
終了する	завршити		
重量	тежина		

出血する	крварити	瞬間	тренутак, момент
出現	појава, излазак		
術語	термин	順々に	редом
出産	порођај	順序	редослед
出身	порекло	純情な	наиван
出世	каријера	純粋な	чист
出席	присуство	順調な	успешан
出席の	присутан	順番	редослед
出席する	присуствовати	準備	припрема
出発	полазак, одлазак	準備する	припремити, спремити
出発する	поћи, отићи	女医	докторка
出版社	издавач	使用	употреба
出版する	издати	使用する	употребити
首都	престоница, главни град	省	министарство
		章	глава
主として	претежно	賞	награда
授乳する	подојити	条	члан
主任	шеф, пословођа	錠	брава, катанац
		上映する	приказати
守備	одбрана	上演する	извести
主婦	домаћица	消化	варење
趣味	хоби, укус	障害	препрека, сметња
寿命	век		
種目	дисциплина	障害者	инвалид
授与	додела	紹介する	упознати, представити
授与する	доделити		
主要な	главни	奨学金	стипендија
腫瘍	тумор	将棋	шах
需要	тражња, потражња	蒸気	пара
		乗客	путник
狩猟	лов	商業	трговина
種類	врста	状況	околности, ситуација
受話器	слушалица		
巡回	обилазак	消極的	негативан, пасиван
巡回する	обићи		

しょうぐん [274]

将軍	генерал	冗談を言う	нашалити се
証言	сведочанство	情緒	емоција, осећање
証言する	сведочити		
条件	услов	象徴	симбол
証拠	доказ	商店	трговина
正午	подне	焦点	фокус, жалиште
漏斗	левак		
将校	официр	上等の	квалитетан
詳細	детаљ	消毒	дезинфекција
詳細な	детаљан	衝突	судар
賞賛	похвала	衝突する	сударити се
小詞	речца	商人	трговац
正直な	поштен	証人	сведок
商社	фирма	承認する	признати, одобрити
証書	сведочанство, диплома	情熱	страст
少女	девојка, девојчица	少年	дечак, дечко
		少年団員	пионир, пионирка
症状	симптом		
賞状	диплома	商売	посао, трговина
上昇	пораст		
生じる	настати	商売の	послован
昇進	унапређење	商売する	пословати, трговати
少数	мањина		
上手な	вешт	消費	потрошња
情勢	ситуација	消費する	потрошити
小説	приповетка, роман	消費者	потрошач
		商品	роба
常設の	сталан	上品な	отмен
招待	позив	丈夫な	јак, чврст, отпоран, солидан
招待する	позвати		
状態	стање		
招待状	позивница	小便	мокраћа
承諾	пристанак	譲歩	уступак
承諾する	пристати	譲歩する	уступити
冗談	шала, виц	情報	информација

静脈	вена
照明	расвета
証明	доказ
証明する	доказати
証明書	потврда
正面	лице
正面の	предњи
条約	уговор, пакт
将来	будућност; убудуће
将来の	будући
勝利	победа
省略する	скратити
奨励する	подстаћи
初演	премијера
女王	краљица
ショーウインドー	излог
除外する	искључити
書記	секретар
助教授	доцент
職	посао
食	исхрана
職員	чиновник, службеник, службеница
職業	занимање, занат
食事	ручак, вечера, оброк
食事する	ручати, вечерати
食卓	трпеза
食堂	трпезарија
職人	мајстор
食品	прехрана
植物	биљка
植民地	колонија
食物	храна, исхрана
食欲	апетит
食料	храна
食料品	намирнице
助言	савет
助言する	саветовати
女工	радница
書斎	студија
助詞	речца
書式	образац
助手	асистент
処女	девица
女性	жена
所属する	припасти
食器	суд
ショック	шок
女帝	царица
書店	књижара
所得	доходак
庶民	народ
署名	потпис
署名する	потписати
書物	књига
所有	својина
所有する	поседовати
女優	глумица
所有者	власник
書類	документ
地雷	мина
白髪の	сед
知らせ	обавештење

しらせる [276]

知らせる	обавестити, јавити, упознати, информисати
調べる	испитати, проверити
虱	ваш
尻	задњице
知り合い	познаник, позаница
知り合う	упознати се
シリーズ	серија
退く	одступити
退ける	одбацити
私立の	приватан
資料	материјал, податак
視力	вид
知る	знати, сазнати, упознати, познавати
汁	сок, чорба
印	знак, ознака, обележје
印す	обележити
司令官	командант
司令部	штаб
城	замак, тврђава, дворац
白い	бео
素人	аматер
皺	бора
芯	језгро
真の	истински

親愛な	драг
人格	личност
寝具	постељина
神経	нерв, живац
神経質な	нервозан
信仰	вера
信号	сигнал, семафор
人口	становништво
人工の	вештачки
診察	преглед
診察する	прегледати
紳士	господин, господа
真実	истина
信者	верник
神社	храм
真珠	бисер
人種	раса
信じる	поверовати
神聖な	свет
人生	живот
親戚	рођак, рођака, родбина
親切	љубазност
親切な	љубазан
新鮮な	свеж
心臓	срце
腎臓	бубрег
身体	тело
寝台	кревет
診断	дијагноза
身長	раст, висина
慎重な	опрезан
神殿	храм

深度	дубина	進路	пут
振動	потрес	針路	курс, смерница
人道的	хуман, хуманитаран	神話	мит
新年	Нова година		
心配	брига, забринутост		

す, ス

心配な	забрињавајући	巣	гнездо, јазбина
心配する	забринути се, секирати се	酢	сирће
審判	судија	図	цртеж, план
人物	личност, лик	図案	дизајн
新聞	новине, лист	水泳	пливање
新聞記者	новинар	西瓜	лубеница
進歩	напредак, прогрес	水銀	жива
		水準	ниво
進歩する	напредовати	水星	Меркур
辛抱	стрпљење	推薦	препорука
進歩的	напредан, прогресиван	推薦する	препоручити
		水仙	нарцис
人民	народ	水素	водоник
親友	пријатељ, пријатељица	推測する	нагађати, претпоставити
信用	поверење, кредит	垂直の	усправан
		スイッチ	прекидач
信用する	поверовати	水筒	чутула
信頼	поверење, вера	水道	водовод, чесма
真理	истина	随筆	есеј
心理	психологија	随分	доста
侵略	агресија	水平な	водораван
診療所	клиника	睡眠	сан
森林	шума	水曜日	среда
親類	родбина	水浴	купање
人類	човечанство	吸う	сисати

数	број	スケート	клизање
数学	математика	凄い	страшан
数詞	број	少し	мало, помало
数字	бројка	少しも	нимало
図々しい	дрзак	過ごす	провести
スーツ	одело	筋	црта, линија
スーパーマーケット	самопослуга	煤	чађ
		鈴	звоно
崇拝する	обожавати	錫	калај
スープ	супа, чорба	すすぐ	испрати
末	крај	涼しい	свеж
据える	поставити, положити	進む	напредовати
		進んだ	напредан
図画	цртеж	雀	врабац
スカート	сукња	進める	унапредити
スカーフ	марама	勧める	препоручити
姿	стас, фигура	鈴蘭	ђурђевак
犂	плуг	裾	скут
隙	рупа	スター	звезда
スキー	скије; скијање	スタート	старт
好きな	омиљен	スタンド	лампа
好きだ	волети	ずつ	по
隙間	пукотина	頭痛	главобоља
隙間風	промаја	すっかり	сасвим, скроз
過ぎる	проћи, протећи	ずっと	скроз, све
		酸っぱい	кисео
～過ぎる	сувише	素敵な	диван, фантастичан
直ぐ	одмах		
～すると直ぐ	чим	既に	већ
		捨てる	бацити, напустити
救い	спас		
救う	спасти	ストーブ	пећ
少ない	мало	ストライキ	штрајк
優れた	одличан, изванредан, истакнут	砂	песак
		素直な	послушан

即ち	наиме; односно
頭脳	мозак, ум
素早い	хитар
素晴らしい	одличан, диван, изврстан
スピーカー	звучник
スプーン	кашика
全て	сав
全ての	сав, читав
滑り易い	клизав
滑る	клизати се; оклизнути се
スポーツ	спорт
ズボン	панталоне
スポンジ	сунђер
住まい	кућа, стан
済ませる	завршити
墨	туш
炭	ћумур
隅	ћошак, угао
住み着く	населити се
炭火	жар
菫	љубичица
住む	становати, живети
済む	завршити се
済んだ	готов
図面	цртеж
相撲	рвање
ずらす	померити
スラブ人	Словен
掏摸	џепарош
スリッパ	папуча
刷る	штампати
する	учинити, урадити, направити
狡い	лукав
鋭い	оштар
ずれる	померити се
スローガン	парола
スロベニア	Словенија
スロベニアの	словеначки
スロベニア人	Словенац, Словенка
座る	сести, седети
澄んだ	бистар
寸法	мера

せ, セ

背	леђа, плећа
姓	презиме
性	пол; род; секс
税	порез, такса
所為だ	крив
～の所為で	услед
性格	карактер
正確な	тачан
精確な	прецизан
生活	живот
生活する	живети
税関	царинарница
世紀	век, столеће
正義	правда
請求する	наплатити
正教	православље
税金	порез
清潔	чистоћа
清潔な	чист

政権	влада, власт	生徒	ђак, ученик, ученица
制限する	ограничити		
成功	успех	制度	систем
成功する	успети	政党	партија, странка
成功した	успешан		
政策	политика	正当な	оправдан
生産	производња	青年	младић, омладина
生産する	произвести		
生産者	произвођач	製品	производ
生産物	производ	政府	влада
政治	политика	制服	униформа
政治家	политичар	征服する	освојити
正式の	званичан, формалан	生物	биће, организам
性質	ћуд, особина, својство	生物学	биологија
		成分	састојак
誠実な	поштен, искрен	正方形	квадрат
		生命	живот
静寂	тишина	声明	изјава
成熟する	сазрети	西洋	Запад
青春	младост	西洋の	западни
聖書	библија	整理する	уредити
正常な	нормалан, правилан	勢力	снага, сила
		精力	енергија, снага
清書する	преписати	精力的	енергичан
精神	дух	セーター	џемпер
成績	резултат, оцена, успех	世界	свет
		咳	кашаљ
製造	производња	咳をする	кашљати
製造する	произвести	席	седиште
生存	опстанак	石炭	угаљ
贅沢	луксуз	責任	одговорност
贅沢な	луксузан	責任がある	одговоран
成長	раст, пораст	責任を負う	одговарати
成長する	порасти	石油	нафта
		世間	јавност

せんげん

世辞	комплимент
世帯	домаћинство
世代	генерација
説	теорија
石灰	креч
積極的	позитиван, активан
接近する	приближити се
セックス	секс
設計	пројект
設計する	пројектовати
石鹸	сапун
接触	додир, контакт
接する	граничити се
接続	спој
接続する	спојити
接続詞	свеза
絶対の	апсолутан
設置する	поставити
セット	комплет, сервис
説得する	убедити, наговорити
設備	опрема, уређај, инсталација, капацитет
接吻	пољубац
接吻する	пољубити
絶望	очај
絶望的	очајан
説明	објашњење
説明する	објаснити
節約	штедња, уштеда
節約する	уштедети
設立する	основати
背中	леђа
銭	пара
狭める	сузити
ぜひ	свакако
背広	одело
背骨	кичма
狭い	тесан, узак
迫る	приближити се; навалити
蝉	цврчак
僂傴の	грбав
せめて	бар, макар
攻める	напасти
セメント	цемент
セルビア	Србија
セルビアの	српски
セルビア人	Србин, Српкиња
ゼロ	нула, ништа
ゼロの	нулти
世論	јавност
世話	брига, нега
世話する	побринути се
千	хиљада
栓	чеп, славина
線	линија, црта
善	добро
繊維	текстил
船員	морнар, поморац
全員	сви
選挙	избори
宣言	проглас, декларација
宣言する	прогласити

せんざい   [282]

洗剤	детерџент, прашак
前菜	предјело
戦士	борац
船室	кабина
戦車	тенк
選手	играч, играчица
選手権	првенство
戦術	тактика
扇子	лепеза
潜水艦	подморница
先生	професор, учитељ, учитељица, наставник, наставница
全然	уопште, посве
先祖	предак
戦争	рат
戦争する	ратовати
全体	целина
全体の	цео, општи
洗濯する	опрати
選択	избор
洗濯機	веш-машина
洗濯物	веш
先だって	недавно
先端	врх
センチ	сантиметар
前置詞	предлог
船長	капетан
前提	претпоставка
宣伝	пропаганда
宣伝する	пропагирати
先頭	чело
戦闘	битка
全部の	сав
全部で	свега, скупа
洗面器	лавор
洗面所	тоалет
洗面台	лавабо, умиваоник
専門	струка
専門の	стручан
専門家	стручњак
旋律	мелодија
戦略	стратегија
占領	окупација
占領する	окупирати
線路	пруга, шина

そ, ソ

そう	тако
僧	свештеник, поп
層	слој
象	слон
像	кип, лик
草案	нацрт
相違	разлика
憎悪	мржња
騒音	бука, галама
増加する	повећати се
総会	скупштина
総額	износ
争議	спор
雑巾	крпа
総計	збир, сума
総計の	укупан
倉庫	складиште,

	магацин		виршла
相互の	међусобан, узајаман	即座に	сместа
捜査	истрага	促進する	убрзати
総裁	гувернер	属する	спадати
創作	стваралаштво	速達	експрес
掃除	чишћење	速度	брзина
掃除する	очистити, спремити	そこ	тамо, ту
		そこに	ето
葬式	сахрана	そこから	отуда, одатле
掃除機	усисивач	そこまで	дотле
操縦する	управљати	底	дно
装飾	украс	祖国	отаџбина, домовина
造船	бродоградња		
創造	стваралаштво	損なう	оштетити
創造する	створити	組織	организација
想像	имагинација, машта	組織する	организовати
		素質	дар
		そして	и, те; а
相続する	наследити	訴訟	процес, тужба
相続人	наследник, наследница	祖先	предак
		注ぐ	полити, залити
増大	пораст	育つ	порасти
増大する	порасти	育てる	одгајити
相談	консултација	そちらへ	туда
相談する	консултовати, саветовати се	卒業する	дипломирати
		率直な	отворен, искрен
装置	уређај, апарат		
総長	ректор	～沿って	дуж
相当	знатно, доста	そっと	кришом
相当な	знатан	ぞっとする	језив
騒動	неред, немири	袖	рукав
装備	опрема	外の	спољни
創立する	основати	外から	споља
添える	приложити	外へ	напоље
ソース	сос, прелив	外に	напољу
ソーセージ	кобасица,	～の外に	ван, изван

~の外から	изван	それでも	ипак
備える	припремити се, спремити се	それほど	толико
		それほどの	толики
その	тај	それ故	стога
その上	штавише	揃う	скупити се
その後	потом	揃った	комплетан
その他の	остали	揃える	комплетирати
その時	тада	損	губитак
そのような	такав	損害	штета
そのように	тако	尊敬	поштовање
側	близина	尊敬する	поштовати
側に	близу	存在	биће, присуство
~の側に	близу, крај, при	存在する	постојати
そばかす	пега	損失	губитак
素描	цртеж	尊重する	уважити, поштовати
祖父	деда		
ソファー	кауч	そんな	такав
祖母	бака, баба	そんなに	толико
素朴な	наиван	村落	насеље
粗末な	скроман, груб		
背く	издати	## た, タ	
染める	обојити, офарбати	~だ	бити
空	небо	~たい	хтети
橇	санке	鯛	зубатац
剃る	обријати	隊	чета, одред
反る	савити се	台	сталак, постоље
それ	то	題	наслов
それから	отада	第一の	први
それまで	дотада	ダイエット	дијета
それから	па; онда, затим	体温	температура
夫々	свако	体温計	топломер
夫々の	сваки	大会	конгрес
それだけ	утолико	大概	углавном
それでは	онда, дакле		

体格	стас	対戦	сусрет, меч
大学	универзитет, факултет	体操	гимнастика
		大体	углавном
大学生	студент	大胆な	смео
大工	столар	態度	став, држање
退屈な	досадан	対等の	раван, равноправан
第九の	девети		
体系	систем	大統領	председник
体験	доживљај	台所	кухиња
体験する	доживети, преживети	第七の	седми
		第二の	други
太鼓	бубањ	第八の	осми
第五の	пети	大半	већина
大根	ротква	代表	представник, заступник
滞在	боравак		
滞在する	боравити	代表する	представљати, заступати
対策	мера		
第三の	трећи	代表団	делегација
大使	амбасадор	タイプ	тип
大事な	важан	大分	прилично
大事にする	пазити	大部分	већина
大使館	амбасада	大変	јако
大して	толико	大変な	озбиљан, ужасан
大衆	маса		
体重	тежина	大便	столица
第十の	десети	大砲	топ
対照	контраст	逮捕する	ухапсити
対象	објект, предмет	題名	наслов
		代名詞	заменица
大臣	министар	タイヤ	гума
大豆	соја	ダイヤモンド	дијамант
～対して	према, против	太洋	океан
体制	поредак, уређење	太陽	Сунце
		代用	замена
大聖堂	катедрала	第四の	четврти
大切な	важан		

平らな	раван, гладак	沢山	много
代理	заменик, заступник	タクシー	такси
		託児所	јасле
大陸	континент	逞しい	снажан
大理石	мермер	巧みな	вешт, спретан
対立	супротност	蓄え	резерва, залиха
代理店	агенција		
大量の	обиман	蓄える	штедети
タイル	плочица	竹	бамбус
第六の	шести	〜だけ	само, једино
対話	дијалог	打撃	ударац
耐え難い	неподношљив	凧	змај
唾液	пљувачка	胼胝	жуљ
絶えず	непрестано, непрекидно	蛸	хоботница
		確かな	сигуран, поуздан, известан
耐える	поднети, издржати		
絶える	престати	確かめる	проверити
倒す	оборити, срушити	足し算	сабирање
		多少	нешто, донекле
タオル	пешкир		
倒れる	пасти, срушити се	多少の	неки
		足す	сабрати, додати
鷹	јастреб, соко		
だが	а	出す	издати, пустити
高い	висок; скуп		
互いの	узајаман	多数	већина
高さ	висина	多数の	бројан
耕す	орати	助かる	спасти се
宝	благо	助け	помоћ
だから	зато, јер	助ける	помоћи, спасти
滝	водопад		
妥協	компромис	尋ねる	питати
焚く	наложити	訪ねる	посетити
炊く	скувати	黄昏	сумрак
抱く	загрлити	ただ	само

ただの	обичан	達成する	постићи
只の	бесплатан	たった	само
只で	бадава, џабе	たっぷり	пуно
称える	славити	盾	штит
戦い	борба, битка	縦	дужина
闘う	борити се	縦の	усправан
戦う	ратовати	立て掛ける	наслонити
叩く	бити, куцнути, лупити	建物	зграда
		立てる	подићи
正しい	тачан, исправан, правилан	建てる	изградити
		例え	пример
		譬える	упоредити
正しく	право	棚	полица
佇む	стајати	谷	долина
直ちに	одмах, сместа	他人	други, странац
畳む	савити	他人の	туђ
漂う	лебдети, плутати, пловити	種	семе, коштица
		楽しい	пријатан, угодан, забаван
立ち上がる	устати		
立ち退く	иселити се	楽しみ	забава
立場	став, позиција	楽しむ	уживати, веселити се, забавити се
忽ち	зачас		
駝鳥	ној		
立ち寄る	навратити	頼み	молба
断つ	прекинути, раскинути	頼む	замолити
		頼もしい	поуздан
立つ	стати, подићи се, стајати	束	сноп, букет
		煙草	дуван, цигарета
発つ	поћи, отпутовати	煙草を吸う	попушити
		旅	пут
経つ	проћи	旅立つ	отпутовати
卓球	стони тенис	度々	често
達する	достићи, допрети	度々の	чест
		旅人	путник

たぶん　　　　　　　　　[288]

多分	вероватно, ваљда	足りない	недостајати, фалити
食べ物	јело, храна	樽	буре, бачва
食べる	појести	誰	ко
玉	драгуљ	誰の	чији, ничији
球	лопта	誰か	неко, ико
弾	метак	誰かの	нечији
卵	jaje	誰でも	ико, свако
魂	душа	誰も	нико
騙す	преварити	垂れる	капати
たまたま	случајно	～だろう	хтети
たまに	понекад	段	степен, степеница
玉葱	лук		
たまらない	неподношљив	単位	јединица
溜まる	нагомилати се	段階	етапа, фаза, степен
黙る	ћутати		
ダム	брана	弾丸	метак
溜息	уздах	短期の	краткорочан
溜息をつく	уздахнути	団結	јединство
試し	проба	団結する	ујединити се
試す	испробати	単語	реч
～ために	за; због, ради, услед	単純な	једноставан
		短所	мана
ためらう	оклевати	誕生	рођење
溜める	нагомилати	誕生日	рођендан
保つ	одржати	箪笥	орман
容易い	лак	ダンス	игра
便り	вест	単数	једнина
頼りない	непоуздан, беспомоћан	男性	мушкарац
		炭素	угљеник
頼る	ослонити се	団体	организација, група
だらしない	неуредан		
多量	обиље, маса	段々	постепено
多量の	обилан	団地	насеље
足りる	довољан	旦那	газда
		単なる	пуки

単に	само	違った	различит, друкчији, другачији
蛋白質	беланчевина		
暖房	грејање		
段ボール	картон	近く	близина; скоро
蒲公英	маслачак	近くに	близу
断面	пресек	近くから	изблиза
弾力	еластичност	～の近くに	близу
弾力的	еластичан	近くなる	ближити се
暖炉	камин	近頃	недавно
談話	изјава	近さ	блискост
		地下室	подрум

ち, チ

		近付く	приближити се
		近付ける	приближити
血	крв	地下鉄	метро
血が出る	крварити	近道	пречица
地	земља	近寄る	прићи
治安	безбедност	力	снага, сила, моћ
地位	положај, позиција		
		地球	Земља
地域	подручје, област	千切る	откинути, покидати
地域の	локалан	千切れる	откинути се
小さい	мали, ситан	地区	област, четврт
チーズ	сир	蓄音機	грамофон
チーム	тим, екипа	畜産	сточарство
知恵	памет, мудрост	乳首	брадавица
		遅刻する	закаснити
チェス	шах	知事	гувернер
地下	подземље	知識	знање, сазнање
地下の	подземни		
近い	близак	知識人	интелигенција
誓	заклетва	地上の	земаљски
違い	разлика	知人	познаник, познаница
～違いない	морати		
誓う	заклети се	地図	мапа, карта, атлас
違う	разликовати се		

知性	ум
地帯	зона, појас
父	отац
乳	млеко; дојке
父親	отац
縮む	скупити се, смањити се
縮める	смањити, скратити, сажети
秩序	ред, поредак
窒素	азот
窒息する	угушити се
チップ	напојница
知的	интелигентан
知能	интелигенција
乳房	дојка, сиса
地方	крај, провинција, предео
地方の	локалан
血塗れの	крвав
茶	чај
茶色の	смеђ, браон
着手する	преузети
着席する	сести
着陸する	слетети
茶碗	шоља
チャンス	шанса
チャンネル	канал
チャンピオン	шампион, првак
注	напомена
注意	пажња; опомена
注意する	пазити; опоменути
注意深い	пажљив
中央	средина, центар
中央の	средњи, централан
中間	средина
中間の	средњи
中継	пренос
中継する	преносити
忠告	савет
忠告する	саветовати
中国	Кина
中国の	кинески
中国人	Кинез, Кинескиња
中古の	полован
中止	отказ
中止する	отказати
忠実な	веран, одан
注射	инјекција
駐車する	паркирати
駐車場	паркиралиште
中傷	клевета
中傷する	оклеветати
抽象的	апстрактан
昼食	ручак
昼食をとる	ручати
中心	центар, средиште
中心の	централан, средишни
中断	прекид
中断する	прекинути
中毒	тровање

注目する	запазити	頂点	врхунац
注文	наруџбина, поруџбина	ちょうど	тачно, таман
		長方形	правоугаоник
注文する	наручити, поручити	調味料	зачин
		帳面	свеска
中立の	неутралан	跳躍	скок
チューリップ	лала	潮流	струја
蝶	лептир	調和	склад, слога
腸	црево	調和した	складан
長	шеф	チョーク	креда
超過する	премашити	貯金	штедња
聴覚	слух	貯金する	штедети
長期の	дугорочан	～直後に	по
兆候	знак, наговештај	直接の	непосредан, директан
彫刻	вајарство, скулптура	～直前に	уочи
		チョコレート	чоколада
彫刻家	вајар	著者	аутор
調査	истраживање	貯蓄	штедња
調査する	истражити	チョッキ	прслук
調子	тон, темпо	直径	пречник
長所	предност	ちょっと	мало
頂上	врх	塵	прашина, прах
朝食	доручак	地理	географија
朝食をとる	доручковати	治療する	излечити
調整する	ускладити, удесити	散る	опасти
		賃金	надница
調節する	подесити, регулисати	沈黙	ћутање
		沈黙する	ћутати
挑戦	изазов		
挑戦する	изазвати, покушати	つ, ツ	
朝鮮	Кореја	つい	тек
朝鮮の	корејски	対	пар
朝鮮人	Корејац, Корејка	追加	додатак
		追加する	додати

[291] ついか

ついたち

一日(ついたち)	први
〜について	о
序に	успут
遂に	најзад
追放する	протерати
費やす	потрошити
通貨	валута
通過	пролазак
通過する	проћи
通行	пролаз
通行人	пролазник
通じる	водити; разумети
通信	веза
通信社	агенција
通知	обавештење
通知する	обавестити
通訳	преводилац
通訳する	преводити
通用する	важити
通路	пролаз
杖	штап
使う	употребити, послужити се, ангажовати
仕える	служити
捕まえる	ухватити
掴まる	држати се
掴む	ухватити, уграбити
疲れ	умор
疲れる	уморити се
疲れた	уморан
月	Месец; месец
付き合う	дружити се
注ぎ込む	уложити
付添い	пратња
付き添う	пратити
突き出る	вирнути
次の	следећи, идући
突く	убости, гурнути
付く	залепити се
点く	запалити се
着く	стићи
次ぐ	следити
継ぐ	наследити
注ぐ	сипати
机	сто
尽くす	исцрпсти
償う	надокнадити
作り出す	створити
作る	направити, сачинити
創る	створити
繕う	закрпити
付け合わせ	прилог
漬ける	киселити
付ける	ставити
点ける	упалити, запалити
告げる	саопштити
都合よい	погодан
伝える	пренети
伝わる	пренети се
土	земља, тло
筒	цев
続き	наставак
つつく	чачкати

続く	наставити се, потрајати; следити
続ける	наставити
堤	насип
包み	пакет
包む	увити, спаковати
務め	дужност
勤め	служба
努める	потрудити се, настојати
勤める	служити
綱	уже
繋がり	веза
繋ぐ	везати
常に	увек
抓る	штипнути
角	рог
唾	пљувачка
唾を吐く	пљунути
翼	крило
燕	ласта
粒	зрно
潰す	згњечити; срушити
呟く	мрмљати
潰れる	срушити се
壺	лонац, ћуп
蕾	пупољак
妻	жена, супруга
つまずく	спотаћи се
摘む	штипнути
つまらない	досадан, незанимљив; скроман
つまり	дакле, укратко
詰まる	запушити се
罪	грех, кривица, злочин
積み木	коцка
摘む	убрати
積む	нагомилати
紡ぐ	испрести
爪	нокат
冷たい	леден, хладан
詰める	напунити
積り	намера
積りだ	намеравати
積もる	нагомилати се
艶	сјај
露	роса
強い	јак, силан, снажан
強さ	јачина
強まる	ојачати, појачати се
強める	ојачати, појачати
辛い	тежак, напоран
貫く	пробити, продрети
釣り	пецање
釣合	равнотежа
釣銭	кусур
釣る	упецати
蔓	пузавица, лоза
鶴	ждрал
吊るす	обесити
連れ	друштво
連れ出す	извести

つれる [294]

連れる	повести	データ	податак
連れて行く	одвести	デート	састанак
連れて来る	довести	テープ	трака, врпца
聾の	глув	テーブル	сто
		テーマ	тема

て, テ

		手形	меница
		出掛ける	изаћи
手	рука, шака; потез	手紙	писмо
		手柄	заслуга
～て	па	敵	непријатељ, противник
～で	на, у		
出会い	сусрет	出来事	догађај, збивање
出会う	сусрести, наћи		
		適する	одговарати
手洗い	тоалет	適した	подобан
提案	предлог	適切な	погодан
提案する	предложити	適当な	одговарајући, прикладан
庭園	врт		
低下	пад	適用	примена
定期的	редован	適用する	применити
提供	понуда	できる	моћи, смети, умети; способан
提供する	понудити		
抵抗	отпор		
帝国	царевина, империја	出口	излаз
		梃子	полуга
帝国主義	империјализам	でこぼこの	нераван
		デザイン	дизајн
停止	престанак	弟子	ученик
提出	предаја	手順	поступак
提出する	предати, поднети	～です	бити
		テスト	тест
訂正	исправка	手帳	бележница
訂正する	исправити	鉄	гвожђе, железо, челик
程度	степен, мера		
丁寧な	учтив		
堤防	брана	鉄の	гвозден, челичан
停留所	станица		

哲学	филозофија	電気	електрика, струја
手伝い	помоћ		
手伝う	помоћи	電気の	електричан
手続き	процедура	電球	сијалица
徹底的	доследан	転勤	премештај
鉄道	железница	典型的	типичан
鉄砲	пушка	天候	време
テニス	тенис	天国	рај
手拭	пешкир	伝言	порука
掌	длан	天才	геније
デパート	робна кућа	天使	анђео
手配する	удесити	電子	електрон
手引	приручник, упутство	電子工学	електроника
		展示する	изложити
手袋	рукавица	電車	воз, трамвај
手本	узор, образац, пример	天井	плафон, таваница
出迎え	дочек	電信	телеграф
デモ	демонстрација	点数	оцена, бод
寺	храм	伝説	легенда
テラス	тераса	電線	жица
照る	сијати	伝染病	епидемија
出る	изаћи	電池	батерија
テレビ	телевизија, телевизор	電柱	бандера
		テント	шатор
手渡す	уручити	電灯	светло
天	небо	伝統	традиција
点	тачка, запета, зарез; бод, поен	電熱器	решо
		天然の	природан
		天皇	цар, царица
電圧	напон	天王星	Уран
店員	продавац, продавачица	電波	радио-талас
		天火	рерна
点火する	упалити	転覆する	превонути се
天気	време	テンポ	темпо
伝記	биографија	電報	телеграм

てんらんかい [296]

展覧会	изложба	等級	разред, класа
電流	струја	当局	власт, управа
電話	телефон	道具	оруђе, алат, инструмент
電話する	телефонирати		
電話局	централа	洞窟	пећина, јама
		峠	превој

と, ト

		統計	статистика
		動作	покрет
戸	врата	投資	инвестиције
と	да; и	投資する	инвестирати, уложити
～と	са, уз		
度	степен	闘士	борац
～度	пут	当時	тада
ドア	врата	当時の	тадашњи
問い	питање	同志	друг, другарица
樋	олук		
ドイツ	Немачка	動詞	глагол
ドイツの	немачки	どうして	како, зашто
ドイツ人	Немац, Немица	同時の	истовремен
		登場	наступ
トイレ	тоалет	登場する	наступити
問う	питати	当然	наравно
塔	кула, торањ	当然の	природан
党	партија, странка	どうぞ	изволи, изволите
どう	како	闘争	борба
胴	труп	灯台	светионик
銅	бакар	胴体	труп
同意	сагласност	到着	долазак
統一	јединство	到着する	доћи, допутовати
統一する	ујединити		
統一的	јединствен	貴い	племенит
唐辛子	папричица	とうとう	најзад
陶器	керамика, порцелан	道徳	морал
		どうにか	некако, икако
動機	мотив, побуда	導入する	увести

当番の	дежуран	都会	град
投票する	гласати	蜥蜴	гуштер
動物	животиња	溶かす	истопити, растворити
動脈	артерија		
透明な	провидан, прозрачан	梳かす	очешљати
		尖った	шиљаст
同盟	савез	咎める	замерити
当面	засада	時	време
玉蜀黍	кукуруз	～する時	када
東洋	Исток	時々	каткад, понекад
東洋の	источни		
動揺する	поколебати се	時々の	повремен
同様の	сличан	解く	решити
同僚	колега, колегиница	説く	убедити
		得	добитак, корист
動力	погон		
道路	улица, друм	研ぐ	наоштрити
登録	упис, регистрација	どく	склонити се
		毒	отров
登録する	уписати, регистровати	得意の	омиљен
		独裁	диктатура
討論	дебата, дискусија	読者	читалац
		特殊な	специфичан
当惑する	збунити се	読書	читање
十	десет	特色	одлика, својство
遠い	далек		
十日	десети	独身	самац, самица
遠くに	далеко	独占	монопол
遠ざかる	удаљити се	特徴	карактеристика, обележје
遠ざける	удаљити		
通す	провести, пропустити	特定の	одређен
		得点	поен, гол
通り	улица	独特の	јединствен
通る	проћи, продрети	特に	нарочито, поготово
～を通って	кроз	特派員	дописник

特別の	посебан, специјалан, изванредан	年寄り	старац, старица
特有の	својствен	年寄りの	стар
独立	независност	閉じる	затворити; затворити се
独立の	независан, самосталан	土星	Сатурн
		土台	темељ
刺	трн	戸棚	орман, плакар
時計	сат	土地	земљиште, терен
溶ける	истопити се		
遂げる	испунити, постићи	途中	успут
		どちら	где
どける	склонити, уклонити	どちらへ	куда
		どちらの	који
床	постеља	どちらも	оба
どこ	где	特許	патент
どこから	одакле, откуда	とっくに	давно, одавно
どこまで	докле	咄嗟に	зачас
どこへ	куда	咄嗟の	тренутан
どこへも	никуда	突然	изненада
どこか	негде	把手	ручица, дршка
どこかへ	некуда	突破する	пробити
どこでも	свуда, свугде	土手	насип
どこも	нигде	とても	јако, веома, врло; никако
床屋	берберин		
所	место	届く	стићи, допрети
~の所に	код		
ところが	напротив	届け	пријава
屠殺する	заклати	届け出る	пријавити
年	година	届ける	доставити
都市	град	整える	средити, наместити
閉じ込める	затворити		
閉じ籠る	затворити се	整った	складан
~として	као	留まる	задржати се
図書	књига	留める	задржати
図書館	библиотека	轟く	грмети

隣	сусед, комшија, комшиница	ともかく	свакако
〜の隣に	поред	友達	друг, другарица, пријатељ, пријатељица
怒鳴る	викнути		
どの	који	伴う	пратити
どのくらい	колико	共に	заједно
どのくらいの	колики	吃る	муцати
		土曜日	субота
どのような	какав	虎	тигар
どのように	како	ドライヤー	фен
飛び上がる	узлетети	トラクター	трактор
飛び下りる	слетети	トラック	камион
跳び越す	прескочити	ドラマ	драма
飛び込む	улетети	トランク	кофер
跳び込む	ускочити	トランプ	карта
飛び去る	одлетети	鳥	птица
飛び出す	искочити	取り上げる	одузети
飛び立つ	полетети	取り扱い	поступак
扉	врата	取り扱う	поступити, третирати
土瓶	чајник		
飛ぶ	летети	取り入れ	жетва
跳ぶ	скочити	取り入れる	усвојити
どぶ	јарак	取り替える	заменити
徒歩で	пешке	取り決め	договор
乏しい	оскудан, сиромашан	取り決める	договорити се
		取り消す	поништити, отказати
トマト	парадајз		
止まる	стати, зауставити се	取り出す	извадити
		取り付ける	монтирати, поставити
泊まる	преноћити		
富	богатство	砦	тврђава
富む	обиловати	鶏肉	пилетина
止める	зауставити	取り除く	отклонити
友	пријатељ, пријатељица	取り巻く	окружити
		取り戻す	повратити

とりょう [300]

塗料	лак, фарба	内容	садржај, садржина
努力	напор, труд	苗	садница
努力する	потрудити се, настојати	なお	још
ドリル	бургија	直す	исправити, поправити
とりわけ	нарочито	治す	излечити
取る	узети, заузети	名親	кум, кума
捕る	уловити	直る	поправити се
撮る	снимити	治る	опоравити се
トルコ	Турска	仲	однос
トルコの	турски	長い	дуг, дугачак
トルコ人	Турчин, Туркиња	長靴	чизма
どれ	који	長さ	дужина
奴隷	роб, робиња	流し	судопер
取れる	откинути се	流す	пролити
泥	блато	仲直りする	помирити се
泥棒	лопов	なかなか	прилично; никако
トン	тона	中の	унутрашњи
どんな	какав; никакав	中に	унутра
トンネル	тунела	中から	изнутра
		～の中に	у, унутар
		～の中へ	у

な, ナ

名	име, назив	半ば	пола
～な	немој	長引く	продужити се
無い	немати	仲間	друг, другарица, друштво, партнер
～の無い	без		
～ない	не		
内閣	кабинет		
内緒	тајна	中身	садржина
ナイフ	нож	眺め	поглед
内部の	унутрашњи	眺める	погледати
内部に	унутра	長持ちする	потрајати
内部から	изнутра	流れ	ток, струја
～の内部に	унутар		

流れる	тећи, протећи; лити	七番の	седми
		七百	седамсто
泣く	плакати	斜めの	кос
鳴く	цвркутати	何	шта, што
慰め	утеха	何か	нешто, ишта
慰める	утешити	何かの	некакав
無くす	изгубити	何も	ништа
無くなる	нестати	七日	седми
殴り合う	потући се	ナプキン	салвета
殴る	истући	鍋	шерпа, лонац
嘆く	кукати	生意気な	дрзак
投げ込む	убацити	名前	име
投げる	бацити, хитнути	怠け者の	лен
		鯰	сом
仲人	кум, кума	生の	сиров
名残	траг, остатак	鉛	олово
情け	милост	波	талас, вал
情けない	жалостан	並木	дрворед
梨	крушка	涙	суза
成す	сачинити	滑らかな	гладак
茄子	патлицан	舐める	полизати
なぜ	зашто	悩ます	намучити, гњавити
なぜなら	зато што		
謎	загонетка	悩み	мука, патња
謎々	загонетка	悩む	намучити се, патити
名高い	чувен		
宥める	смирити	楢	храст
雪崩	лавина	習う	учити
夏	лето	鳴らす	звонити
夏の	летњи	～ならない	морати
懐かしい	драг	並び	низ
名付ける	назвати	並ぶ	поређати се
撫でる	мазити	並んで	упоредо
七	седам	並べる	поређати
七十	седамдесет	成り立つ	састојати се
七つ	седам		

成る	постати, износити; састојати се
鳴る	звонити, одјекнути, грмети
慣れる	навићи се, снаћи се
縄	уже
南京豆	кикирики
何でも	свашта
何とか	некако, икако
難民	избеглица

に, ニ

～に	да
～に	на, у
二	два
似合う	стајати
匂い	мирис
臭い	смрад
匂う	мирисати
臭う	смрдети
苦い	горак
二月	фебруар
膠(にかわ)	туткало
にきび	бубуљица
賑やかな	весео
握る	стиснути
肉	месо
憎い	мрзети; одвратан
憎しみ	мржња
肉体	тело
肉体的	физички
憎む	мрзети
肉屋	месар
逃げる	побећи
濁る	замутити се
濁った	мутан
西	запад
西の	западни
虹	дуга
二十	двадесет
二重の	двојни, дупли
偽物	фалсификат
煮立つ	кипети
日曜日	недеља
日刊の	дневни
日記の	дневник
荷造りする	спаковати
ニッケル	никл
日当	дневница
二番の	други
二百	двеста
鈍い	туп
二分の一	половина
日本	Јапан
日本の	јапански
日本人	Јапанац, Јапанка
荷物	терет, пртљаг
ニュアンス	нијанса
入学する	уписати се
乳牛	крава
入居する	уселити се
入手する	набавити
入場	улазак
入場券	улазница
ニュース	вест, новост
入浴	купање

入浴する	окупати се	盗み	крађа
尿	мокраћа	盗む	украсти
似る	личити	布	платно, тканина
似た	сличан		
煮る	скувати	沼	мочвара
庭	врт, башта, двориште	濡らす	поквасити
		塗る	намазати; обојити, офарбати
俄雨	пљусак		
俄に	одједном		
鶏	кокошка, петао	温い	млак
		濡れる	поквасити се, покиснути
人気の	популаран, омиљен		
		濡れた	мокар
人形	лутка		
人間	човек, људи		
人間的	људски, хуман	## ね, ネ	
認識	сазнање	根	корен
妊娠	трудноћа	音色	тон
人参	шаргарепа	値打ち	вредност
忍耐	стрпљење	願い	жеља; молба
妊婦	трудница	願う	пожелети; замолити
任務	задатак		
任命する	наименовати	葱	лук
		ネクタイ	кравата, машна
## ぬ, ヌ		猫	мачка
		螺子	шраф
縫う	сашити	螺子回し	шрафцигер
抜かす	пропустити	ねじる	заврнути
脱がす	скинути, свући	鼠	миш, пацов
		鼠色の	сив
抜く	извадити	値段	цена
脱ぐ	скинути, свући; скинути се, свући се	熱	топлота, температура; грозница
拭う	избрисати	ネックレス	огрлица

熱心な	предан, упоран	納入	испорука
		農民	сељак
熱する	загрејати	農夫	сељак
熱中する	загрејати се	農婦	сељанка
熱病	грозница	能率	ефикасност
寝床	постеља	能率的	ефикасан
粘り強い	упоран	能力	способност, капацитет
粘る	лепити се; истрајати	ノート	свеска
寝巻	пижама	逃す	пропустити
眠い	поспан	逃れる	побећи, избећи
眠り	сан		
眠る	спавати	軒 (のき)	стреха
狙い	циљ	鋸 (のこぎり)	тестера
狙う	циљати	残す	оставити
寝る	лећи, лежати, спавати	残り	остатак
		残りの	остали
練る	умесити	残る	остати
年	година	乗せる	повести
年賀状	честитка	載せる	ставити, метнути
年間の	годишњи		
年金	пензија	除く	уклонити
年度	година	〜を除いて	изузев
粘土	глина	覗く	вирнути
燃料	гориво, огреб	望ましい	пожељан
年齢	узраст	望み	нада, жеља
		望む	надати се, пожелети
の, ノ		〜後に	након
		〜ので	јер
野	поље	喉	грло
〜の	од	〜のに	иако
脳	мозак	罵る (ののし)	опсовати
農業	пољопривреда	延ばす	одложити
農場	фарма	伸ばす	пружити
農村	село		
濃度	густина	野原	ливада

延びる	одложити се	はい	да
伸びる	порасти	灰	пепео
述べる	изјавити, изложити	肺	плућа
		～倍	пут
上る	дићи се	倍の	дупли
～を上って	уз	灰色の	сив
登る	попети се	パイオニア	пионир
蚤	бува	バイオリン	виолина
鑿	длето	廃棄物	отпад
～のみ	само	廃墟	рушевина
飲み物	пиће	黴菌	бактерија, клица
飲む	попити		
呑む	прогутати	背景	позадина
糊	лепак	灰皿	пепељара
乗組員	посада	廃止する	укинути
乗り物	возило	売春	проституција
乗る	возити се, јахати	売春婦	проститутка
		敗戦	пораз
載る	стати	配達	достава
のろい	спор	売店	продавница
呪	клетва, проклетство	パイプ	лула; цев
		敗北	пораз
呪う	проклети	俳優	глумац, глумица
暢気な	безбрижан		
		配慮	обзир
は, ハ		入る	ући, ступити
		パイロット	пилот
刃	сечиво	這う	пузити
葉	лист, лишће	蝿	мува
歯	зуб	生える	ниhи
場	место, простор, поље	墓	гроб
		馬鹿	будала
～ば	да	馬鹿な	глуп
場合	случај	破壊する	разорити, уништити
パーセント	процент, одсто, посто		
		葉書	дописница

馬鹿げた	апсурдан	運ぶ	понети, повести
剥がす	скинути, огулити	鋏	маказе
博士	доктор	破産する	банкротирати
墓場	гробље	橋	мост
秤	вага	端	ивица, руб, крај
計る	измерити		
履物	обућа	恥	срамота, брука, стид
吐く	повратити		
履く	обути, обући	恥をかく	обрукати се
掃く	помести	弾く	одбити
歯茎	десни	弾ける	прснути
育む	неговати	梯子	мердевине
爆撃する	бомбардовати	始まり	почетак
拍手	аплауз	始まる	почети, наступити
拍手する	аплаудирати		
莫大な	огроман, грдан	初め	почетак
		初めに	прво
爆弾	бомба	始める	почети
博打	коцка	馬車	фијакер, кола
白鳥	лабуд	パジャマ	пицама
爆発	експлозија	場所	место
爆発する	експлодирати	柱	стуб
博物館	музеј	走る	потрчати, појурити
白墨	креда		
刷毛	четка	恥じる	постидети се
禿げの	ћелав	～筈だ	требати
激しい	жесток, буран	バス	аутобус
バケツ	кофа	恥ずかしい	постидети се; сраман, срамотан
励ます	охрабрити		
剥げる	скинути се		
化ける	претворити се	恥ずかしがりの	стидљив
派遣する	послати, упутити		
		恥ずかしがる	постидети се
箱	кутија, сандук, ковчег	バスケットボール	кошарка

外す	скинути; промашити	バッジ	значка
		罰する	казнити
パスポート	пасош	発生	настанак
弾む	скочити	発生する	настати, избити
外れ	промашај		
外れる	скренути	飛蝗	скакавац
旗	застава	発達	развитак
機	разбој	発達する	развити се
肌	кожа	発展	развој
バター	путер, маслац	発展する	развити се
裸の	го, наг	発電所	централа
肌着	рубље	八百	осамсто
畑	њива, поље	発表	саопштење
旗竿	јарбол	発表する	саопштити, објавити
果たして	зар		
裸足	бос	発明	проналазак, изум
働き	рад		
働く	радити	発明する	пронаћи
蜂	оса	果てしない	бескрајан
鉢	чинија, саксија	派手な	упадљив, шарен
八	осам	鳩	голуб
八月	август	花	цвет, цвеће
八十	осамдесет	鼻	нос
八番の	осми	話	прича
蜂蜜	мед	話し合い	разговор
罰	казна	話し合う	разговарати
発育	раст	話す	говорити, испричати
発音	изговор		
発音する	изговорити	放す	пустити
発揮する	испољити	バナナ	банана
はっきりした	јасан	花火	ватромет
発見	откриће	花びら	латица
発見する	открити	花婿	младожења
発言	реч	花屋	цвећара
発行する	издати	華やかな	раскошан

はなよめ [308]

花嫁	невеста, млада
離れる	удаљити се, напустити
花輪	венац
羽	перо; крило
ばね	опруга
跳ね返る	одбити се
跳ねかす	попрскати
跳ねる	скочити
母	мајка
幅	ширина
パパ	тата
母親	мајка
阻む	спречити
省く	скратити
パプリカ	паприка
浜	плажа
ハム	шунка
破滅	катастрофа, пропаст
破滅する	пропасти
場面	сцена
早い	рани
速い	брз
早く	рано
速さ	брзина
林	шума
隼	соко
早める	убрзати
原	поље
腹	стомак, трбух
薔薇	ружа
払込	уплата
払い込む	уплатити
薔薇色の	ружичаст, роза
払う	платити
バランス	равнотежа
梁	греда
針	игла, удица, сказаљка
針金	жица
張り付く	залепити се
針鼠	јеж
貼る	залепити
春	пролеће
春の	пролећни
遥かな	далек
遥かに	далеко
バルコニー	тераса
腫れ	оток
バレエ	балет
パレード	парада
バレーボール	одбојка
晴れた	ведар, сунчан
破裂する	пући
バレリーナ	балерина
腫れる	отећи
判	печат
半	по, пола
晩	вече; увече
番	ред; стража
番をする	чувати
パン	хлеб
範囲	оквири, границе
反映	одраз
繁栄	просперитет, процват
版画	дрворез
ハンカチ	марамица
ハンガリー	Мађарска

[309] ひがし

ハンガリーの	mađarski	ハンドボール	рукомет
ハンガリー人	Mađar, Mađarica	ハンドル	волан
		番人	чувар
反響	одјек	反応	реакција
反響する	одјекнути	反応する	реаговати
番組	програм	販売	продаја
判決	пресуда	販売する	продати
判決を下す	осудити	パンフレット	проспект
判子	печат	半分	половина, пола; упола
番号	број	パン屋	пекара
犯罪	криминал, злочин	反乱	побуна
		反乱する	побунити се
判事	судија	氾濫	поплава
～反して	мимо, насупрот	氾濫する	поплавити
反射	одраз		
反射する	одразити	**ひ, ヒ**	
反省する	размислити		
絆創膏	фластер	日	дан; сунце
反則	прекршај, фаул	火	ватра, огањ, жар
		灯	светло
反対の	супротан, противан	比	однос
		碑	споменик
反対に	напротив	美	лепота
反対する	противити се	ピアノ	клавир
～に反対して	против	ヒーター	грејалица
		ピーナッツ	кикирики
判断	суд, оцена	ビール	пиво
判断する	судити, оценити	冷える	охладити се
		被害	штета
パンツ	гаће	比較する	упоредити
斑点	пега	比較的	релативно
半島	полуострво	日陰	хладовина
反動	реакција	日傘	сунцобран
ハンドバッグ	ташна	東	исток

東の	источни	庇	стреха
光	светло, светлост	ひざまずく	клекнути
		悲惨な	трагичан
光る	светлети, сијати	肘	лакат
		美術館	галерија
率いる	повести	秘書	секретар, секретарица
引き入れる	увући		
引き受ける	преузети, прихватити	避暑	летовање
		微笑	осмех
碾臼	млин	非常の	ванредан
引き算	одузимање	美人	лепотица
引き潮	осека	ビスケット	кекс
引き締める	стегнути	ピストル	пиштољ
抽斗	фиока	密かに	потајно
引き出す	извући	潜む	сакрити се
引き継ぐ	преузети	額	чело
引き留める	задржати	ビタミン	витамин
引き抜く	ишчупати	左手	левица
卑怯な	подао	左の	леви
卑怯者	кукавица	引っ掻く	огрепсти
引き寄せる	привући	棺	ковчег
引く	вући, повући; одузети	引っ繰り返す	преврнути
		引っ繰り返る	преврнути се
退く	повући се	日付	датум
弾く	одсвирати	引越し	селидба
碾く	самлети	引っ越す	преселити се, иселити се
低い	низак		
髭	брк	跛の	хром, ћопав
鬚	брада	跛をひく	храмати
悲劇	трагедија	引っ込む	повући се
悲劇的	трагичан	羊	овца, ован, јагње
飛行	лет		
飛行機	авион	筆者	писац
飛行場	аеродром	筆跡	рукопис
膝	колено; крило	必然の	нужан
ビザ	виза	引っ張る	повући

蹄	копито	非難する	оптужити, осудити
必要	потреба		
必要な	потребан, неопходан, нужан	皮肉	иронија
		捻る	завренути
		火花	варница, искра
否定	негација	雲雀	шева
否定する	негирати, порећи, одрећи	批判	критика
		批判する	критиковати
		ひび	пукотина
否定的	негативан	響き	одјек, звук
人	човек, особа, лице	響く	одјекнути, звучати
酷い	гадан, грозан, ужасан	批評	критика, примедба
非同盟	несврстаност	皮膚	кожа
人柄	личност, карактер	暇	време
		暇な	слободан
美徳	врлина	向日葵	сунцокрет
人差指	кажипрст	秘密	тајна
等しい	једнак, подједнак	秘密の	тајни
		微妙な	деликатан
人質	талац	悲鳴	крик
一つ	један	紐	канап, конопац
一つも	ниједан		
人々	људи	飛躍	скок
ひとまず	засада	百	сто, стотина
瞳	зеница	百姓	сељак
独りで	сам	百番の	стоти
独りでに	сам	百万	милион
一人も	нико	冷やす	охладити
独り者	самац, самица	百科事典	енциклопедија
雛	пиле	百貨店	робна кућа
避難	евакуација	ビュッフェ	бифе
非難	оптужба, осуда	費用	трошкови
		雹	град
		票	глас

ひょう [312]

表	табела, списак	肥料	ђубриво
美容	козметика	昼	дан, подне
秒	секунд	ビル	зграда
病院	болница, клиника	鰭 (ひれ)	пераја
評価	оцена	比例	пропорција, размер
評価する	ценити, оценити	広い	широк, простран
病気	болест	拾う	наћи
病気の	болестан	疲労	умор
評議会	савет	広がる	прострети се, раширити се
表現	израз		
表現する	изразити	広げる	прострети; проширити, раширити
標語	гесло, парола		
表紙	корице		
標識	ознака	広さ	ширина
描写	опис	広場	трг
描写する	описати	広間	сала
標準	стандард	広まる	раширити се
表彰する	похвалити, наградити	広める	раширити
		壜 (びん)	флаша, боца, тегла
表情	израз		
平等	једнакост, равноправност	敏感な	осетљив
		ピンクの	ружичаст
平等な	једнак, равноправан	貧困	беда, сиромаштво
病人	болесник	品質	квалитет
表面	површина	貧弱な	мршав
表面の	површан	貧乏	сиромаштво
評論	критика	貧乏な	сиромашан
肥沃な	плодан	貧乏人	сиромах
日除け	ролетна		
ひよこ	пиле	**ふ, フ**	
ビラ	летак		
開く	отворити	部	секција, сектор
比率	размер		

～部	примерак	布巾	крпа
ファシズム	фашизам	吹く	дунути
ファッション	мода	拭く	обрисати
不安	немир	服	хаљина
不安な	немиран	複雑な	сложен
ファン	навијач	副詞	прилог
不意の	изненадан	福祉	благостање
不意に	изненада	復讐	освета
フィルム	филм	複数	множина
風景	пејзаж	含む	садржати, обухватити
封鎖	блокада		
封鎖する	блокирати	含める	укључити
風船	балон	膨らむ	раширити се
ブーツ	чизма	袋	кеса, џак, врећа, торба
封筒	коверат		
夫婦	брачни пар	梟	сова
プール	базен	頭脂	перут
不運	несрећа	不幸	несрећа
不運な	несрећан	不幸な	несрећан
笛	фрула	符号	знак
増える	повећати се, помножити се	不公平な	неправедан
		房	грозд
フォーク	виљушка	不在	одсуство
深い	дубок	不在の	одсутан
不快な	непријатан, неугодан	塞ぐ	затворити
		塞がっている	заузет
不可欠の	неопходан		
深さ	дубина	ふざける	нашалити се
不可能な	немогућ	相応しい	одговарајући
不可避の	неминован	節	мелодија; чвор
深める	продубити	武士	ратник
武器	оружје	無事な	безбедан, читав
吹き飛ぶ	одлетети		
不器用な	неспретан	不仕合せ	несрећа
付近	околина, близина	不思議	чудо
		不思議な	чудесан

不十分な	недовољан	普段の	уобичајен
負傷	рана	縁	руб
負傷した	рањен	不注意な	неопрезан
不精な	лен	普通	обично
侮辱	увреда	普通の	обичан, уобичајен
侮辱する	увредити		
夫人	госпођа	二日	други
婦人	жена, дама	物価	цена
不親切な	нељубазан	復活祭	Ускрс
不正	неправда	ぶつかる	ударити, сударити се
不正な	неправедан		
防ぐ	одбранити, спречити	仏教	будизам
		仏教徒	будиста
伏せる	лећи	ぶつける	гађати
不足	недостатак, мањак, несташица	復興	обнова
		物体	тело, предмет
		沸騰する	кључати, врети
不足する	недостајати		
部族	племе	物理	физика
蓋	поклопац	物理的	физички
札	карта	筆	четка, кист
豚	свиња, прасе	不定の	неодређен
舞台	позорница, сцена	ふと	случајно
		太い	дебео
部隊	јединица, трупа	葡萄	грожђе, грозд, лоза
双子	близанци	葡萄酒	вино
不確かな	несигуран	懐	недра
再び	опет, поново	太さ	дебљина
二つ	два	太る	угојити се
豚肉	свињетина	太った	дебео, гојазан
二人	двојица, двоје; обојица, обоје	布団	душек, јорган
		ぶな	буква
		船着場	пристаниште
負担	терет	船乗り	морнар
負担する	сносити	無難な	задовољавајући

船	брод, лађа	プラットホーム	перон
不必要な	непотребан	プラム	шљива
部品	део	ブランコ	љуљашка
吹雪	мећава	フランス	Француска
部分	део	フランスの	француски
部分的	делимичан	フランス人	Француз, Францускиња
不平	жалба		
不平を言う	жалити се, бунити се	振り返る	осврнути се
不便な	незгодан	降り注ぐ	лити
不変の	сталан, постојан	不利な	неповољан
		振り向く	окренути се
父母	родитељи	振りをする	правити се, претворити се
不真面目な	неозбиљан		
不満	незадовољство	振る	махати
不満な	незадовољан	降る	пасти
踏切	прелаз	古い	стар
踏む	нагазити	震える	задрхтати, трести се
不明な	нејасан, непознат		
		ブルガリア	Бугарска
不名誉	срамота	ブルガリアの	бугарски
不毛の	јалов	ブルガリア人	Бугарин, Бугарка
麓	подножје		
部門	сектор, грана	古里	завичај
増やす	повећати, помножити	振舞い	понашање
		振舞う	понашати се, држати се
冬	зима		
冬の	зимски	無礼な	безобразан
不愉快な	непријатан	ブレーキ	кочница
扶養する	издржавати	ブレーキをかける	кочити
フライパン	тигањ		
ブラウス	блуза	プレーヤー	грамофон
ぶら下がる	висити	触れる	додирнути; поменути
ブラシ	четка		
ブラジャー	грудњак	風呂	купатило, када
プラス	плус	風呂に入る	окупати се

[315]　　ふろ

プロ	професионалац		
プロの	професионалан	**ヘ, ヘ**	
ブローチ	брош		
付録	прилог	屁	прдеж
フロント	рецепција	～へ	на, у, за
分	минут	塀	зид, ограда
糞	измет	兵器	оружје
文	реченица	平気な	равнодушан
雰囲気	атмосфера	平均	просек
噴火	ерупција	平均の	просечан
文化	култура	並行して	упоредо
分解する	раставити	平行線	паралела
文学	књижевност	平行の	паралелан
文学者	књижевник	米国	Америка
分割	подела, деоба	兵舎	касарна
分割する	поделити	兵隊	војник
文献	литература	平凡な	просечан
文書	документ, акт	平野	равница
文章	текст	平和	мир
噴水	водоскок	平和な	миран
分析	анализа	頁	страна, страница
分析する	анализирати		
紛争	сукоб	ベーコン	сланина
文通する	дописивати се	ベール	вео
分配	расподела	～べきだ	требати
分別	разум	臍	пупак
文法	граматика	隔たり	одстојање
文明	цивилизација	下手な	неспретан, лош
分野	поље, област, грана		
		別荘	вила
分離する	одвојити	ベッド	кревет
分量	обим	別の	други, посебан
分類	класификација	別々の	посебан, засебан
分裂する	разбити се, поцепати се		
		蛇	змија
		部屋	соба

ほ, ホ

減らす	смањити
減る	смањити се
ベル	звоно
ヘルツェゴビナ	Херцеговина
ヘルツェゴビナの	херцеговачки
ベルト	каиш
ヘルメット	кацига
片	парче, комад
弁	вентил
ペン	перо
変化	промена
変化する	променити се
ペンキ	фарба
勉強	учење, студије
勉強する	учити, студирати
偏見	предрасуда
変更	измена
変更する	изменити
弁護士	адвокат
返事	одговор
返事する	одговорити
編集者	уредник
編集する	уредити
便所	клозет
ベンチ	клупа
ペンチ	клешта
弁当	ручак
変な	необичан, чудан
便利な	практичан, користан, згодан
帆	једро
穂	клас
ボイラー	котао, бојлер
母音	самогласник
法	право
棒	батина, палица, шипка, мотка, штап
包囲する	опколити
防衛	одбрана
貿易	спољна трговина
望遠鏡	телескоп
崩壊する	распасти се
妨害する	омести
方角	правац
箒	метла
蜂起	устанак, буна
放棄する	одрећи се
砲撃する	бомбардовати
方言	дијалект
冒険	авантура, пустоловина; ризик
封建制	феудализам
方向	правац, смер
報告	извештај
報告する	известити
帽子	шешир, капа
報酬	награда
報じる	јављати
方針	смерница, курс

ほうせき　　　　　　　　　　[318]

宝石	драгуљ, накит	ボール	лопта
放送	емисија	ボール紙	картон
放送する	емитовати	ボールペン	хемијска оловка
法則	закон	〜外に	осим, сем, поред
包帯	завој		
庖丁	нож	他の	други
法廷	суд	朗らかな	ведар
報道	штампа, извештај	僕	ја
		ボクシング	бокс
報道する	информисати	牧畜	сточарство
褒美	награда	ポケット	џеп
豊富	обиље	保健	здравство
豊富な	богат, обилан	保険	осигурање
〜方へ	ка, према	保護	заштита
方法	начин, метод	保護する	заштитити
方々	свуда	歩行者	пешак
葬る	сахранити	埃	прашина
方面	страна	誇り	понос
訪問	посета	誇り高い	поносан
訪問する	посетити	誇る	поносити се
坊や	син	星	звезда
放り込む	убацити	欲しい	хтети, пожелети
放り出す	избацити		
法律	закон	干草	сено
暴力	насиље	ほじくる	чачкати
放る	бацити	募集	конкурс
放っておく	оставити	補充する	попунити
ほうれん草	спанаћ	保証	гаранција
吠える	лајати, рикати, урлати	保証する	гарантовати
		補償	одштета
頬	образ	保障する	обезбедити
ボーイ	келнер, конобар	干す	осушити
		ポスター	плакат
ホース	црево	ボスニア	Босна
ボート	чамац	ボスニアの	босански
ホール	дворана		

細い	танак, узак, витак
保存する	сачувати
菩提樹	липа
蛍	свитац
ボタン	дугме
墓地	гробље
ホック	копча
発作	напад
欲する	пожелети
ホテル	хотел
歩道	тротоар
ほどく	одвезати
仏	Буда
ほどける	одвезати се
程よい	умерен
ほとんど	готово, скоро, замало
骨	кост
骨折り	напор
炎	пламен
帆柱	јарбол
ポプラ	топола
ほぼ	отприлике
保母	васпитачица
微笑み	осмех
微笑む	осмехнути се
褒める	похвалити
ほら	ево, ено, ето
洞穴	јама, пећина
堀	ров
捕虜	заробљеник
掘る	ископати, бушити
彫る	извајати
滅びる	пропасти
滅ぼす	уништити
本	књига
盆	послужавник
本質	бит, суштина
本質的	битан
本性	природа
盆地	котлина
本当の	прав, стваран
本当に	заиста, збиља
本能	нагон
本部	управа, централа
ポンプ	пумпа
本文	текст
本物	оригинал
本物の	прав
本屋	књижара
翻訳	превод
翻訳する	превести
翻訳家	преводилац
ぼんやりした	мутан; расејан

ま, マ

間	пауза; простор; размак
舞	плес
～枚	лист
マイクロホン	микрофон
埋葬	сахрана
埋葬する	сахранити
マイナス	минус
参る	предати се
舞う	плесати
前掛け	кецеља

前の	предњи	交わる	укрстити се
前に	пре; спреда	増す	повећати се
前へ	напред	鱒	пастрмка
前から	одавно	先ず	прво, најпре
～の前に	пре, пред, испред	麻酔	анестезија
		不味い	неукусан, лош
～の前へ	пред	マスク	маска
～の前から	испред	貧しい	сиромашан, бедан
魔王	сатана		
任せる	поверити	ますます	све
曲がる	скренути; савити се	混ぜる	помешати
		また	опет, такође
曲がった	крив	まだ	још
薪	дрва	瞬く	трепнути
牧場	пашњак, ливада	または	или
		町	град, варош
巻く	навити, савити	街	улица
蒔く	посејати	待合室	чекаоница
撒く	попрскати	待ち受ける	сачекати
幕	завеса; чин	間違い	грешка, заблуда
枕	јастук		
鮪	туна	間違える	погрешити
負け	пораз	間違った	погрешан
マケドニア	Македонија	待つ	чекати, сачекати
マケドニアの	македонски		
		松	бор
マケドニア人	Македонац, Македонка	睫毛	трепавица
		真直ぐ	право
負ける	изгубити	真直ぐな	прав, раван, усправан
曲げる	савити		
孫	унук, унука	全く	сасвим, уопште, посве
まさに	баш, управо		
まして	поготово	マッチ	шибица
真面目な	озбиљан	祭	празник, фестивал
魔女	вештица		
混じる	измешати се	祭る	прославити

～まで	до
～するまで	док
的	мета
窓	прозор
窓口	шалтер
纏める	сабрати
まどろむ	задремати
眼差し	поглед
学ぶ	учити
間に合う	стићи
間抜けな	наиван
真似	имитација
招く	позвати
真似る	имитирати, опонашати
まばたく	трепнути
疎らな	редак
麻痺	парализа
真昼	подне
瞼	капак
マフラー	шал
魔法	чаролија
魔法使い	чаробњак
魔法瓶	термос
ママ	мама
継父	очух
継母	маћеха
豆	грашак, пасуљ, боранија
肉刺	жуљ
守る	одбранити, сачувати; држати се
繭	чаура
眉毛	обрва
迷い	заблуда
迷う	поколебати се; залутати, изгубити се
真夜中	поноћ
毬	лопта
丸	круг, кугла
円い	округао, пун
丸い	кугласт
マルクス主義	марксизам
まるで	као да
稀な	редак
マロニエ	кестен
回す	окренути
周りに	около
～の周りに	око
回る	окренути се, вртети се; кружити, обићи
万	десет хиљада
満員の	пун
漫画	карикатура
満足	задовољство
満足な	задовољан
満足させる	задовољити
真中	средина
～の真中に	усред
万年筆	налив-перо
満腹の	сит

み, ミ

実	плод
身	месо
見え透いた	провидан

みえる　　　　　　　　　[322]

見える	видети; изгледати, учинити се	見せる	показати, приказати
見送り	испраћај	溝	јарак
見送る	испратити	見出し	наслов
味覚	укус	満たす	напунити, испунити, задовољити
磨く	изгланцати		
見掛け	изглед	乱す	пореметити, нарушити
味方	пријатељ, присталица	乱れる	пореметити се
見方	поглед	道	пут, стаза
蜜柑	мандарина	未知の	непознат
幹	стабло	満ち潮	плима
右手	десница	導く	повести, навести
右の	десни		
見事な	сјајан, диван, фин	満ちる	напунити се
		蜜	мед
見込み	изглед	三日	трећи
未婚の	неожењен, неудата	見付け出す	пронаћи
		見付ける	наћи, уочити
岬	рт	密度	густина
短い	кратак	三つ	три
短くする	скратити	蜜蜂	пчела
短さ	краткоћа	見積もり	процена, предрачун
惨めな	бедан, јадан		
水	вода	見積もる	проценити
湖	језеро	密林	џунгла
自ら	сам	認める	признати; приметити
水差し	бокал		
水溜り	бара	緑の	зелени
見捨てる	напустити	皆	сав
店	радња, продавница	見なす	сматрати
		港	лука, пристаниште
見せ掛けの	привидан, лажан		
		南	југ
		南の	јужни

[323] むしる

醜い	ружан, грдан
峰	врх
実り	плод
実り多い	плодан
実る	родити
見張り	стража
見張る	мотрити
身分	положај
未亡人	удовица
見本	узорак
見本市	сајам
耳	уво, уши
蚯蚓	глиста
脈	пулс
土産	сувенир
都	престоница
苗字	презиме
未来	будућност
未来の	будући
ミリ	милиметар
魅力	драж
魅力的	привлачан
見る	видети, погледати
ミルク	млеко
見分ける	препознати
民間の	приватан
民主主義	демократија
民主的	демократски
民族	народ, народност
民族主義	национализам

む, ム

六日	шести
無意識	несвест
無意識の	несвестан
無意味な	бесмислен
～向かいに	преко
向かう	кренути
～に向かって	према
迎える	дочекати
昔	давно
昔から	одувек
無関心な	незаинтересован
麦	пшеница
向く	окренути се
むく	ољуштити, огулити
報いる	наградити
無口の	ћутљив
向ける	окренути; усмерити
無限の	неограничен
婿	зет
むごい	окрутан
向こう	тамо
向こうの	тамошњи
～の向こうに	преко
無効にする	поништити
無言の	нем
無罪の	невин
虫	инсект, буба, црв
無視する	занемарити
虫眼鏡	лупа
無邪気な	невин
矛盾	противречност
むしる	ишчупати

むしろ	него	群れ	чопор, јато, стадо
蒸す	издинстати		
無数の	безбројан		
難しい	тежак		**め, メ**
息子	син		
結び付く	повезати се	目	око, очи
結び付ける	повезати	芽	клица, пупољак
結び目	чвор		
結ぶ	везати, спојити; склопити, закључити	姪	нећака
		銘	натпис
		冥王星	Плутон
		銘柄	марка
娘	кћи, ћерка; девојка	名作	ремек-дело
		名刺	визиткарта
無責任な	неодговоран	名詞	именица
無線	радио	名称	назив
無駄な	узалудан	命じる	наложити, наредити
無駄に	узалуд, бадава, џабе	迷信	сујеверје
無駄の無い	економичан	名人	мајстор
鞭	бич	名声	углед, слава
無知	незнање	命中	погодак
無茶な	претеран	命中する	погодити
夢中の	луд	明白な	очигледан
六つ	шест	名簿	списак, именик
虚しい	пуст		
胸	груди, недра	名誉	част
無能な	неспособан	名誉な	частан
無名の	непознат	命令	наредба, налог
むら	мрља, пега	命令する	наредити
村	село	メートル	метар
紫の	љубичаст	目方	тежина
無理な	немогућ	眼鏡	наочаре
無理に	силом	女神	богиња
無料の	бесплатан	盲の	слеп
無力な	немоћан	巡る	кружити

目指す	циљати	儲ける	зарадити
目覚時計	будилник	申し込む	пријавити се
目覚める	пробудити се	申し出	понуда
召使	слуга	申し出る	понудити
雌	женка	毛布	ћебе
珍しい	редак, необичан	盲目の	слеп
		猛烈な	жесток
目立つ	упадљив, изразит	燃える	изгорети, сагорети
メダル	медаља	モーター	мотор
滅多に	ретко	捥ぐ	откинути
目出度い	радостан	木材	дрво
メニュー	јеловник	目次	садржај
眩暈	вртоглавица	木星	Јупитер
メモ	белешка, цедуља	目的	циљ, сврха, намена
メロディー	мелодија	目標	циљ
メロン	диња	木曜日	четвртак
面	маска; страна	土龍	кртица
麺	резанци	潜る	заронити
面会	посета, пријем	目録	каталог
免許	дозвола	模型	макета
免状	диплома	もし	ако, уколико
免除する	ослободити	文字	слово, писмо
面積	површина	もしくは	односно
面倒	невоља	もしもし	хало
面倒な	тежак	モスク	џамија
面目	образ	モスレム人	Муслиман, Муслиманка

も, モ

		模造	имитација
		齎す	донети
喪	жалост	モダンな	модеран
～も	и, ни, нити	持ち上げる	подићи
もう	већ	用いる	применити, користити
儲かる	уносан		
儲け	зарада, добит	持ち込む	унети

持ち去る	однети
持ち出す	изнети
持ち主	власник
勿論	наравно, свакако
持つ	имати, држати; потрајати
持たない	немати
持って来る	донети
持って行く	понети
もっと	још, више
最も	највише
尤も	уосталом, додуше
専ら	искључиво
もてなし	гостопримство
もてなす	частити
モデル	модел; манекен, манекенка
本	корен, основ
戻す	вратити; повратити
～許に	код
元の	бивши
求める	затражити
～を求めて	по
戻る	вратити се
物	ствар
者	лице
物置	шупа
物語	прича
物差し	лењир
物凄い	грозан
模範	узор, модел
樅	јела
紅葉	јавор
揉む	истрљати
木綿	памук
木綿の	памучан
桃	бресква
腿	бутина
燃やす	запалити, спалити
模様	шара
催し	приредба
催す	приредити
貰う	добити
森	шума
漏る	исцурити
漏れる	исцурити, капати
脆い	крхак, ломљив
紋	грб
門	капија
文句	фраза
紋章	грб
問題	проблем, питање
モンテネグロ	Црна Гора
モンテネグロの	црногорски
モンテネグロ人	Црногорац, Црногорка

や, ヤ

矢	стрела
や	и
～や	чим
八百屋	пиљарница

[327] やはり

館	дворац	屋敷	вила
やがて	ускоро	養う	хранити
喧しい	бучан	野獣	звер
夜間の	ноћни, вечерњи	矢印	стрелица
		野心	амбиција
山羊	коза, јарац	安い	јефтин
焼肉	печење	～易い	склон
焼餅	љубомора	安売り	распродаја
焼く	спалити; испржити, испећи	休み	одмор, распуст, предах, пауза
役	улога		
約	око	休む	одморити се
訳	превод	休める	одморити
夜具	постељина	安らかな	спокојан
役員	функционер	鑢 (やすり)	турпија
役者	глумац	野生の	дивљи
訳者	преводилац	痩せる	ослабити
役所	уред, општина	痩せた	мршав, сув
役職	функција	家賃	кирија, станарина
訳す	превести		
約束	обећање	厄介な	незгодан
約束する	обећати	薬局	апотека
役立てる	користити	八つ	осам
役人	чиновник	やっと	једва, тек
薬品	лек	雇う	запослити, ангажовати
役目	дужност, функција		
		野党	опозиција
役割	улога	宿屋	гостионица
火傷	опекотина	柳	врба
焼ける	изгорети	家主	газда, газдарица
野菜	поврће		
優しい	нежан, осећајан, мек	屋根	кров
		屋根裏	таван
易しい	лак, прост	やはり	ипак, уосталом
易しさ	лакоћа		

やばんな [328]

野蛮な	дивљи, примитиван
藪	жбун
破る	поцепати, нарушити
破れる	поцепати се
敗れる	изгубити
山	планина, гора; гомила
闇	тама, мрак
止む	стати, престати, прекинути се
病む	боловати
止める	престати, одустати
辞める	повући се
やや	нешто, донекле
槍	копље
やり方	начин
やる	учинити, бавити се
柔らかい	мек, нежан
和らげる	ублажити

ゆ, ユ

湯	врела вода
唯一の	једини
遺言	тестамент
有益な	користан
誘拐	отмица
有害な	штетан
夕方	вече; увече
夕方の	вечерњи
優雅な	елегантан
勇敢な	храбар
勇気	храброст
夕暮れ	сумрак
友好	пријатељство
有効な	ефектан
ユーゴスラビア	Југославија
ユーゴスラビアの	југословенски
ユーゴスラビア人	Југословен, Југословенка
有罪の	крив
勇者	јунак
優秀な	одличан
友情	пријатељство
夕食	вечера
夕食をとる	вечерати
優勢な	надмоћан
優先	првенство, предност
有能な	способан
郵便	пошта
郵便局	пошта
郵便配達	поштар
夕べ	вече
昨夜(ゆうべ)	синоћ
有名な	чувен, познат, славан
ユーモア	хумор
有利な	повољан
憂慮	забринутост
憂慮する	забринути се
有力な	моћан, утицајан

幽霊	дух
床	под
愉快な	весео, забаван
歪んだ	крив
雪	снег
行く	ићи, отићи
湯気	пара
輸出	извоз
輸出する	извести
ゆすぐ	испрати
強請	уцена
揺する	љуљати, дрмнути
強請る	уценити
譲る	уступити, попустити
輸送	превоз, транспорт
輸送する	превести
豊かな	богат, плодан, обиман
ユダヤ人	Јеврејин, Јеврејка
ゆっくり	полако
ゆっくりした	лаган
茹でる	обарити
輸入	увоз
輸入する	увести
指	прст
指輪	прстен
弓	лук
夢	сан
夢を見る	сањати
夢見る	маштати
揺らぐ	потрести се
百合	љиљан
揺り籠	колевка
緩い	лабав, лаган, благ
揺るがす	потрести
許し	дозвола
赦し	опроштај
許す	дозволити, допустити
赦す	опростити
緩む	попустити
緩める	попустити
揺れ	потрес
揺れる	трести се, љуљати се
結わえる	везати

よ, ヨ

世	свет
夜明け	зора
良い	добар; добро
良くなる	побољшати се
～してよい	моћи
好い	леп, повољан
酔う	напити се
酔った	пијан
～よう	хтети
用意	спремност
用意ができた	готов, спреман
用意する	спремити, припремити
要因	чинилац, фактор
要員	кадар

溶液	раствор	浴室	купатило
八日	осми	翌日	сутрадан
陽気な	весео	浴槽	када
容器	посуда, посуђе	欲張りな	похлепан
要求	захтев	欲望	жеља
要求する	захтевати	余計な	сувишан
用具	прибор	横	ширина
楊枝	чачкалица	横の	водораван, споредан
用事	посао		
様式	стил	～の横に	поред
用心する	чувати се	横顔	профил
用心深い	опрезан	横切る	прећи
様子	стање, изглед	予告	најава
要するに	укратко	予告する	најавити
妖精	вила	汚す	испрљати, загадити
要請	захтев		
要請する	захтевати	横たえる	положити
要素	чинилац, елемент	横たわる	лежати
		汚れ	прљавштина, мрља
ようだ	изгледати		
～のように	као; попут	汚れる	испрљати се
幼稚園	обданиште	予算	буџет, предрачун
幼稚な	детињаст		
要点	поента, суштина	よす	престати, одустати
用途	намена, примена	寄せる	померити
		予選	квалификација
羊毛	вуна	余所で	другде
要約する	сажети	余所の	стран, туђ
漸く	једва	予想する	предвидети
ヨーロッパ	Европа	予測	прогноза
ヨーロッパの	европски	予測する	прогнозирати
予感	слутња	涎	пљувачка
予感する	наслутити	四日	четврти
予期する	очекивати	四つ	четири
欲	похлепа	予定	план, програм

[331] らんぼうな

予定する	планирати, предвидети
夜中	поноћ
夜中の	поноћни
世の中	свет
四番の	четврти
予備	резерва
呼び掛け	позив
呼び掛ける	позвати
呼び名	назив
呼び鈴	звоно
呼ぶ	звати, позвати, назвати
余分な	сувишан, непотребан
予報	прогноза
予防	превентива
余程	знатно
読む	прочитати
嫁	снаха
予約	резервација
予約する	резервисати
～より	од, него, но
寄り掛かる	наслонити се, ослонити се
寄る	прићи, померити се
夜	ноћ
夜の	ноћни
夜に	ноћу
～拠れば	по, према
鎧	оклоп
喜び	радост, задовољство
喜ぶ	обрадовати се, веселити се
喜んで	радо
よろめく	посрнути
弱い	слаб, крхак, нежан
弱まる	ослабити
弱味	слабост
弱める	ослабити
四	четири
四十	четрдесет
四百	четиристо
四分の一	четврт, четвртина

ら, ラ

ライオン	лав
ライター	упаљач
雷鳴	грмљавина
駱駝	камила
楽な	лак, удобан
ラケット	рекет
らしい	учинити се, изгледати
ラジオ	радио
落下	пад
落下傘	падобран
ラッパ	труба
ラベル	етикета
欄	рублика
ランドセル	ранац
ランプ	лампа
乱暴な	груб
乱暴する	силовати

り, リ

利益	добит
理解	разумевање
理解する	разумети, схватити
利害	интерес
陸	копно
陸上	атлетика
利口な	паметан, бистар
利己的	себичан
離婚	развод
離婚する	развести се
利子	камата
利潤	профит, добит
栗鼠	веверица
リズム	ритам
理性	разум
理想	идеал
理想的	идеалан
利息	камата
率	стопа
リットル	литар
立派な	достојан, угледан
立方体	коцка
リボン	машна
略号	скраћеница
略奪	пљачка
略奪する	опљачкати
理由	разлог
龍	змај
流行	мода
流行の	популаран
流通	промет
リュックサック	ранац
利用する	искористити
猟	лов
漁	риболов
寮	дом
量	количина, обим
領域	подручје
両替所	мењачница
料金	тарифа, цена
猟師	ловац
漁師	рибар
領事	конзул
領事館	конзулат
良質の	фин
両者	обојица, обоје
領収書	признаница
良心	савест
良心的	савестан
領土	територија
両方	оба
料理	јело
料理する	скувати
料理人	кувар, куварица
旅客	путник
旅館	гостионица
旅券	пасош
旅行	пут
旅行する	путовати
旅行者	путник
履歴	биографија
理論	теорија
林業	шумарство

林檎	јабука	レスリング	рвање
臨時の	привремен, ванредан	列	ред, колона, низ
隣人	комшија, комшиница	列車	воз
		列島	архипелаг
		レバー	цигерица

る, ル

		レモン	лимун
		恋愛	љубав
類似の	сличан	煉瓦	цигла
ルーマニア	Румунија	連合	удружење, асоцијација
ルーマニアの	румунски		
ルーマニア人	Румун, Румунка	レンジ	шпорет
		練習	вежба, тренинг
留守	одсуство		
留守の	одсутан	練習する	вежбати, тренирати

れ, レ

		レンズ	сочиво
		連想	асоцијација
例	пример	連続	серија
零	нула	連帯	солидарност
霊	дух	連邦	федерација
例外	изузетак	連絡	контакт
例外的	изузетан	連絡する	јавити се
礼儀正しい	учтив, пристојан		

ろ, ロ

冷酷な	суров		
冷静な	присебан	炉	огњиште, пећ
冷蔵庫	фрижидер	蝋	восак
冷淡な	равнодушан	廊下	ходник
冷凍する	замрзнути	老女	старица
レース	чипка	老人	старац
歴史	историја	蝋燭	свећа
歴史的	историјски	労働	рад
レコード	плоча	労働する	радити
レストラン	ресторан, кафана	労働者	радник, радница

牢屋	тамница	分かる	разумети, схватити, препознати
老練の	искусан		
ローン	кредит		
六	шест	別れ	растанак, опроштај
録音	снимак		
録音する	снимити	別れる	растати се, опростити се
六月	јун		
六十	шездесет	分かれる	одвојити се
六番の	шести	脇	бок
ロケット	ракета	脇の	споредан
ロシア	Русија	脇腹	бок
ロシアの	руски	沸く	кључати, врети
ロシア人	Рус, Рускиња		
肋骨	ребро	枠	оквир, рам
六百	шестсто	惑星	планета
驢馬	магарац	訳	разлог
ロボット	робот	分け前	удео
論拠	аргумент	分ける	поделити; раставити
論じる	дискутовати, размотрити		
		技	вештина, техника
論文	рад		
論理	логика	わざと	намерно
論理的	логичан	山葵	хрен
		災い	невоља
わ, ワ		鷲	орао
		僅かな	незнатан
輪	круг, коло	忘れっぽい	заборавaн
環	карика	忘れる	заборавити
和	слога	綿	памук, вата
賄賂	мито	私	ja
ワイン	вино	私の	мој
若い	млад	私たち	ми
沸かす	скувати	私たちの	наш
我儘な	себичан, самовољан	渡す	предати, уручити
若者	младић, момак	渡る	прећи

罠	клопка, замка	悪い	лош, рђав, зао
鰐	крокодил	悪くなる	погоршати се
喚く	урлати	悪口	клевета
藁	слама	割れ目	пукотина
笑い	смех	割れ易い	ломљив
笑い話	виц	割れる	пући, разбити се, сломити се
笑う	насмејати се		
割合	размер, удео		
割当	распоред, удео	我々	ми
割り算	дељење	椀	чинија
割に	релативно	湾	залив
割引	попуст	腕白な	несташан
割る	поломити, сломити, разбити; поделити	ワンピース	хаљина

[著者紹介]

山崎　洋 [やまさき・ひろし] 翻訳家

目録進呈　落丁本・乱丁本はお取替えいたします。

平成 13 年 8 月 30 日　ⓒ第 1 版　発行

セルビア語常用六〇〇〇語	編　者　山　崎　　　洋
	発 行 者　佐　藤　政　人
	発　行　所
	株式会社　**大 学 書 林**
	東京都文京区小石川4丁目7の4 振 替 口 座　　00120-8-43740番 電　話　東京 (03) 3812-6281〜3番 郵便番号 112-0002

ISBN4-475-01197-3　　TMプランニング／横山印刷／文章堂製本

大学書林

語学参考書

編著者	書名	判型	頁数
山崎　洋／田中一生 編	セルビア・クロアチア語基礎 1500 語	新書判	128頁
山崎　洋／田中一生 編	セルビア・クロアチア語会話練習帳	新書判	208頁
三谷惠子 著	クロアチア語ハンドブック	A5判	280頁
三谷惠子 編	クロアチア語常用 6000 語	A5判	384頁
金指久美子 著	スロヴェニア語入門	A5判	248頁
山崎　洋／田中一生 編	スロヴェニア語会話練習帳	新書判	168頁
山崎佳代子 編	スロヴェニア語基礎 1500 語	新書判	160頁
中島由美／田中一生 編	マケドニア語会話練習帳	新書判	176頁
中島由美 編	マケドニア語基礎 1500 語	新書判	152頁
松永緑彌 著	ブルガリア語文法	B6判	184頁
松永緑彌 編	ブルガリア語常用 6000 語	B小型	404頁
土岐啓子 編	ブルガリア語会話練習帳	新書判	152頁
小原雅俊 編	ポーランド語会話練習帳	新書判	160頁
小原雅俊 編	ポーランド語基礎 1500 語	新書判	192頁
中井和夫 著	ウクライナ語入門	A5判	224頁
黒田龍之助 編	ウクライナ語基礎 1500 語	新書判	192頁
黒田龍之助 編	ベラルーシ語基礎 1500 語	新書判	184頁
金指久美子 編	チェコ語基礎 1500 語	新書判	200頁
金指久美子 編	チェコ語会話練習帳	新書判	176頁
長與　進 編	スロヴァキア語会話練習帳	新書判	216頁

―――― 目録進呈 ――――